“中国梦”对马克思主义中国化的贡献研究

“ZHONGGUOMENG” DUI MAKESI ZHUYI ZHONGGUOHUA DE GONGXIAN YANJIU

陈乐香　李艳　苏德强　刘碧◎著

四川大学出版社

项目策划：梁　平
责任编辑：孙滨蓉
责任校对：杨　果
封面设计：璞信文化
责任印制：王　炜

图书在版编目（CIP）数据

“中国梦”对马克思主义中国化的贡献研究 / 陈乐香等著. — 成都 : 四川大学出版社，2019.2（2024.6 重印）

ISBN 978-7-5690-2804-1

Ⅰ. ①中… Ⅱ. ①陈… Ⅲ. ①中国特色社会主义－社会主义建设模式－研究②马克思主义－发展－研究－中国 Ⅳ. ① D61

中国版本图书馆 CIP 数据核字 (2019) 第 036016 号

书名　“中国梦”对马克思主义中国化的贡献研究

著　　者　陈乐香　李　艳　苏德强　刘　碧
出　　版　四川大学出版社
地　　址　成都市一环路南一段 24 号（610065）
发　　行　四川大学出版社
书　　号　ISBN 978-7-5690-2804-1
印前制作　四川胜翔数码印务设计有限公司
印　　刷　永清县晔盛亚胶印有限公司
成品尺寸　170㎜×240㎜
印　　张　12.25
字　　数　146 千字
版　　次　2020 年 2 月第 1 版
印　　次　2024 年 6 月第 2 次印刷
定　　价　68.00 元

◆ 读者邮购本书，请与本社发行科联系。
电话：(028)85408408/(028)85401670/
(028)86408023　邮政编码：610065
◆ 本社图书如有印装质量问题，请寄回出版社调换。
◆ 网址：http://press.scu.edu.cn

四川大学出版社
微信公众号

内容题要

2012年11月29日，习近平总书记明确提出实现中华民族伟大复兴的“中国梦”。自此，“中国梦”成为国内外学界关注和探究的热点和重点，形成了系统性的理论成果、建设性的学术观点、科学性的国策建议。在此基础上，笔者将“中国梦”置于时空坐标轴之中，从历史维度纵向挖掘，近代以来中国先进知识分子追逐“民族复兴”历经“器物—制度—思想”的学习主题转向，以及受之指导下的早期探索与接力探索；从内涵维度横向拓展，基本内涵、本质内涵、国际内涵“三个内涵”构成“中国梦”的内涵意蕴，科学性与包容性、时代性与实践性、民族性与世界性、连续性与阶段性“四个相统一”反映“中国梦”的外延指向。最终，形成对“中国梦”科学内涵立体、全面、准确的认识。

在厘清“中国梦”科学内涵的基础上，分别从马克思主义中国化的“实现形态”“中国向度”“世界向度”阐明“中国梦”对马克思主义中国化的贡献，进而探讨如何圆梦。

从马克思主义中国化的“实现形态”来看，实践形态和理论形态构成中国共产党人运用马克思主义认识中国、改造中国的两种形态。“中国梦”统领马克思主义中国化的实践形态，体现在中国共产党人领导的中国革命和建设道路、中国特色社会主义道路、新时代中国特色社会主义道路的坚持和发展等持续探索中。“中国梦”提升马克思主义中国化的理论形态，体现在抽象的马克思主义、马克思主义实践观念、实践中的马克思主义、中国化的马克思主义四种形态中。

从马克思主义中国化的“中国向度”来看，“化中国”和“中国化”有机统一于马克思主义与中国具体实际的结合中，破解难题与总结经验是其内在蕴含的两面。“中国梦”立足人民立场，坚持马克思主义观点分析当前中国国情、人民需要、现实实践，运用马克思主义唯物辩证、实事求是、群众路线的思想方法和工作方法，促进并解决当代中国改革发展中实际存在的问题，实现了党的执政理念新升华、话语体系新突破、中国特色社会主义新认识，开辟了马克思主义中国化的新境界。这体现了马克思主义“由外向内”单向输入的特点。

从马克思主义中国化的“世界向度”来看，在一个无限开放且与时俱进的历史进程中，形成中国化的马克思主义与世界良性互动，是拓宽马克思主义中国化国际视野的必然要求。基于海外对“中国梦”业已形成的主观和客观两种评价、悲观和乐观两种态度，比较“美国梦”“欧洲梦”“中国梦”，发现“中国梦”最大的优势就在于以中国特色社会主义为内在支撑，彰显出和平性、共享性、和谐性、包容性，进而从全球化视野和人类社会发展的高度，审视圆梦的中国实践，凝练出坚持科学社会主义原则的“中国经验”，自觉促进中国马克思主义、中华文明与世界马克思主义、世界文明的主动对话，凸显了其世界价值。

实现民族复兴是马克思主义中国化历史发展的时代主题，随着时移世易，民族复兴被赋予新的内容和要求。总结“中国梦”在新的发展阶段创造性地运用和发展马克思主义的实践经验，对于推进马克思主义中国化具有重要意义。判断和评定“中华民族能否实现复兴以及复兴之后又走向何方”就需要对“中国梦”的发展目标与发展战略进行深层次的考量，从而明晰“中国梦”的未来走向，为实现“中国梦”提供目标指引。在此基础上，实现“中国梦”的路径，即宏观的顶层设计和微观的具体谋划就逐渐清晰起来。

目　录

导论　贡献："中国梦"研究的新镜像 ……………………… (1)

第一节　选题背景与研究意义 ………………………………… (1)

一、选题背景 …………………………………………………… (1)

二、选题意义 …………………………………………………… (3)

第二节　研究现状述评 ………………………………………… (5)

一、国内研究现状 ……………………………………………… (5)

二、国外研究动态 ……………………………………………… (26)

第三节　研究方法与研究思路 ………………………………… (33)

一、研究方法 …………………………………………………… (33)

二、研究思路 …………………………………………………… (35)

第四节　研究重难点、可能的创新点 ………………………… (36)

一、研究重点 …………………………………………………… (36)

二、研究难点 …………………………………………………… (37)

三、可能的创新点 ……………………………………………… (37)

第一篇　“中国梦”的二维审视 …………………… (39)
第一章　“中国梦”的科学内涵 …………………… (41)
一、“中国梦”的内涵意蕴 …………………… (41)
二、“中国梦”的基本特征 …………………… (45)
第二章　“中国梦”的历史演进 …………………… (50)
一、“中国梦”的早期探索 …………………… (50)
二、“中国梦”的接力探索 …………………… (53)
本篇小结 …………………… (60)
第二篇　“中国梦”形塑马克思主义中国化的新形态 …………………… (61)
第三章　“中国梦”统领马克思主义中国化的实践形态 …………………… (63)
一、“中国梦”与中国革命和建设道路 …………………… (63)
二、“中国梦”与中国特色社会主义道路的接力探索 …………………… (67)
三、“中国梦”与新时代对中国特色社会主义道路的坚持和发展 …………………… (74)
第四章　“中国梦”提升马克思主义中国化的理论形态 …………………… (80)
一、“中国梦”与马克思主义中国化理论形态的第一种形态 …………………… (80)
二、“中国梦”与马克思主义中国化理论形态的第二种形态 …………………… (83)

三、“中国梦”与马克思主义中国化理论形态的第三种形态 …………………………………………………………… (85)
四、“中国梦”与马克思主义中国化理论形态的第四种形态 …………………………………………………………… (89)
本篇小结 ……………………………………………………………… (92)
第三篇　“中国梦”开辟马克思主义中国化的新境界 …………………………………………………………… (95)
第五章　“中国梦”是马克思主义“化中国”的生动体现 ………………………………………………………… (97)
一、“中国梦”对马克思主义立场的坚持 …………… (97)
二、“中国梦”对马克思主义观点的坚持 …………… (99)
三、“中国梦”对马克思主义方法的坚持 …………… (101)
第六章　“中国梦”是马克思主义“中国化”的结晶提升 ………………………………………………………… (104)
一、党执政理念新升华 ………………………………… (104)
二、话语体系新突破 …………………………………… (106)
三、中国特色社会主义新认识 ………………………… (109)
本篇小结 ……………………………………………………………… (112)
第四篇　“中国梦”拓宽马克思主义中国化的新视野 …………………………………………………………… (115)
第七章　国际视野中的“中国梦” ………………………… (117)
一、海外对“中国梦”的认识 ………………………… (117)
二、与世界共享的和平发展之梦 ……………………… (122)

第八章　“中国梦”对马克思主义中国化国际视野的拓展 …………………………………………………… (127)
一、为世界发展走向标定新航向 ………………… (127)
二、为全球共同发展增添新生机 ………………… (130)
三、为世界文化发展赋予新元素 ………………… (132)
四、为国际对话交流提供新表述 ………………… (135)
本篇小结 …………………………………………… (138)
第五篇　“中国梦”的圆梦实践 ……………………… (141)
第九章　“中国梦”的实现考量 ………………… (143)
一、“中国梦”的目标衡量 ……………………… (143)
二、“中国梦”的发展战略 ……………………… (148)
第十章　“中国梦”的实现路径 ………………… (152)
一、“中国梦”实现的根本选择 ………………… (152)
二、“中国梦”实现的具体实践 ………………… (157)
本篇小结 …………………………………………… (165)
结语与展望 ………………………………………… (167)
参考文献 …………………………………………… (169)
后　记 ……………………………………………… (182)

导论　贡献：“中国梦”研究的新镜像

第一节　选题背景与研究意义

一、选题背景

“中国梦”作为一个新的概念在习近平总书记提出之后逐渐定型。习近平总书记分别于两个“关键会议”——党的十八大和十二届人大一次会议，在两个“重要地点”——国家博物馆与人民大会堂提出并阐释民族复兴的“中国梦”。此后的系列讲话也以民族复兴为“中国梦”的内核，不断丰富和发展着“中国梦”的外延与内涵。

“中国梦”作为一个民族梦想贯穿于马克思主义中国化的历史进程。回顾中国近现代史，先进的知识分子在前人各种方案追梦不可得的困境中，找到了挽救民族于水火的救国方案——马克思主义，并成立了实施这个“主义”的主体——中国共产党，将“与具体实际相结合”一以贯之于革命、建设、改革的接续探索中，中华民族的面貌焕然一新。以毛泽东为代表的共产党人，找到了赢得民族独立和人民解放的独特革命道路；以邓小平为代表的共产党人，探索出实现国家富强和人民富裕的中国特色社会主义道路。因而，民族复兴“中国梦”的实现也必然离不开马克思主义与当代中国实际的结合。

“中国梦”作为一项研究课题具有成熟的研究条件。首先，“中国梦”研究具有成熟的理论基础。无论哪一项研究都必须有特定的理论指导和方法工具作为支撑。“中国梦”研究的理论基础既包括经过历史验证的马克思主义基本原理，也包括经过实践检验的具有中国化特点的马克思主义理论成果。同时，习近平总书记围绕民族复兴“中国梦”的一系列讲话，具有十分丰富的内涵和合乎时代的思想，理解其讲话精髓是研究“中国梦”的重要依据。这均为研究“中国梦”打牢了坚实的理论基础。① 其次，“中国梦”研究具有现实的问题指向。“问题就是时代的口号”②。追求民族复兴的“中国梦”绝非拍脑袋式的主观臆造，而是现实问题指向的自觉表达。当下的中国，经历着传统到现代、落后到先进的转型与跨越，身处最为接近实现民族复兴的历史节点，梦想与挑战的交织就有了强烈的问题指向。

在马克思主义中国化进程中，“中国梦”的基础概念逐渐定型、研究条件日趋成熟、现实问题日益凸显。这些必要条件的满足，激励着我们寻找一个有意义的研究切入点。因此，我们聚焦于“贡献”，通过“中国梦”对“马克思主义中国化”有何贡献的透视，从另一个侧面丰富了我们对“中国梦”的认识，形成“中国梦”的新镜像。

---

① 孙来斌. 关于中国梦何以能以及如何去研究的思考［J］. 安徽师范大学学报（人文社会科学版），2014（3）：265—268.

② 中共中央马克思恩格斯列宁斯大林著作编译局. 马克思恩格斯全集（第四十卷）［M］. 北京：人民出版社，1982：289.

二、选题意义

（一）理论意义

第一，进一步深化对社会主义发展规律的认识。"什么是社会主义，怎样建设社会主义"是坚持和发展中国特色社会主义必须从理论和实践上回答的基本问题。我们党在追求"中国梦"的历程中，对社会主义的认识经历了一个逐渐全面、逐渐深化的过程。"中国梦"从实现路径、精神支撑、动力源泉等方面将中国道路、中国精神、中国力量有机统一，非常明确地指出实现中华民族伟大复兴的条件，内在地揭示了中国特色社会主义的发展规律，为我们指明了实现"中国梦"必须坚持的方向。

第二，进一步明确对中国特色社会主义总任务的认识。党在十八大立足中国特色社会主义的总依据、总布局，指出了社会主义现代化和中华民族伟大复兴的总任务。"中国梦"以国家富强、民族振兴、人民幸福为基本目标指引，以中国特色社会主义道路为实现路径，深刻回答了"树立什么样的理想，怎样实现理想"这一关系党和国家前途命运的基本问题，形成了对中国特色社会主义总任务的整体性、逻辑性的认识，进而建构了全面而严谨的逻辑框架。

第三，进一步推进马克思主义大众化研究。马克思主义大众化研究就是要实现表达方式的大众化，通过通俗性、生活性的话语，人民大众能够真正接受、认同马克思主义。"中国梦"等一系列话语，理念清晰、风格亲民，一方面顺畅了官方话语与民间话语的沟通，另一方面对接了中国话语与外国话语的交流，赢得了人民群众的普遍认可与国际社会的广泛认同。因此，对“中国梦”的研究将会推进马克思主义大众化研究。

（二）实践意义

第一，有利于廓清“‘中国梦’是否具有马克思主义的科学基础”这一误区。“中国梦”作为汇聚多元主体意愿的梦想，并非抽象的图景，而是落脚到个人幸福的现实场景。它与马克思主义相通，共同的理想目标彰显着对未来社会的美好愿望，共同的出发点凸显着对现实个人的关怀。随着社会的发展，中华民族伟大复兴终将成为现实，共产主义也必将实现。

第二，有利于廓清“‘中国梦’能否被称为最新理论成果”这一误区。民族复兴的“中国梦”自习近平总书记提出，其科学定位就成为理论界争论之一。从已有研究来看，“中国梦”不但是一个新概念，也是一个新命题，作为一个科学的理论体系来讲是成立的。但是，“中国梦”不具有作为理论形态的抽象性，更多的是作为国家奋斗目标的形象表达。所以最好还是不要把它理解为最新理论成果，而是更多地展现它所实现的具有鲜明特色的话语创新。①

第三，有利于廓清“‘中国梦’能否造福世界”这一误区。中国以独有的模式实现快速发展，不可避免地引起西方国家的高度关注与本能排斥。西方国家固有的思维是“国强必霸”，但是崛起的中国通过“中国梦”向世界传达的是中华民族的命运与人类命运相牵，“中国梦”与“世界梦”相系，和平发展是人类共同走向幸福的前提。“中国梦”主张国家无论大小、强弱、贫富，都应互

---

① 孙来斌. 关于中国梦何以能以及如何去研究的思考［J］. 安徽师范大学学报（人文社会科学版），2014（3）：265-268.

相尊重、平等相待。中国将致力于构建与各国平等和谐的伙伴关系，继续发挥维护世界与局部地区和平的重要作用，跨越"修昔底德陷阱"。

第二节　研究现状述评

自习近平总书记提出"中国梦"以来，"中国梦"便成为国内学界思考研究的重大问题、国外学界关注探讨的热点问题，形成了系统性的理论成果、建设性的学术观点、科学性的国策建议。

一、国内研究现状

系统梳理国内学界关于"'中国梦'对马克思主义中国化的贡献"的研究，发现该类研究主要以"中国梦"为研究对象，分别从"来自何处，去向何方；如何理解，如何实现；为何提出，如何研究"三个指向明确的主题来探讨。从研究情况看，基本形成了一个总体、概略的认知；从研究内容看，形成了一个系统、完备的体系；从研究视角看，形成了一个有广度、有深度的分析框架。

（一）研究概况

自习总书记提出"中国梦"以来，至 2015 年的三年时间里学术界关于"中国梦"的研究，更加全面、更加多维、更加客观，取得了累累硕果。习总书记的 15 篇主旨讲话系统阐述了"中国梦"，国内数千篇学术文章从多个维度对"中国梦"进行了解读与阐发，30

多部学术专著侧重从学理与实证层面论证“中国梦”的实现，多项学术会议把“中国梦”作为主题或重要议题进行了热烈讨论，权威学术期刊开辟专栏或专题刊发关于“中国梦”研究的优质论文，国家哲学社科规划办以及地方社科联均设立“中国梦”研究项目以提供资金支持。这均为深化“‘中国梦’对马克思主义中国化的贡献”的研究提供了翔实的资料支撑、深刻的视角观察、科学的方法借鉴，进而为这一问题能够扎实展开研究做好了理论铺垫。

1. 学术文章“井喷式”发表

笔者根据文献计量学原理，运用中国知网（CNKI）分别以“中国梦”为主题、篇名、关键词进行检索，然后选取2015年及以前的“中国学术期刊（网络版）”“哲学与人文科学”“社会科学Ⅰ辑”“核心期刊”等约束条件进行筛选，如图1-1所示，获取的期刊文章分别为5243篇、14894篇、14434篇。同样，以“中国梦”为题名检索，选取2002—2015年“报纸”“哲学与人文科学”“社会科学Ⅰ辑”等约束条件进行筛选，如表1-1所示，获得报纸文章4891篇。

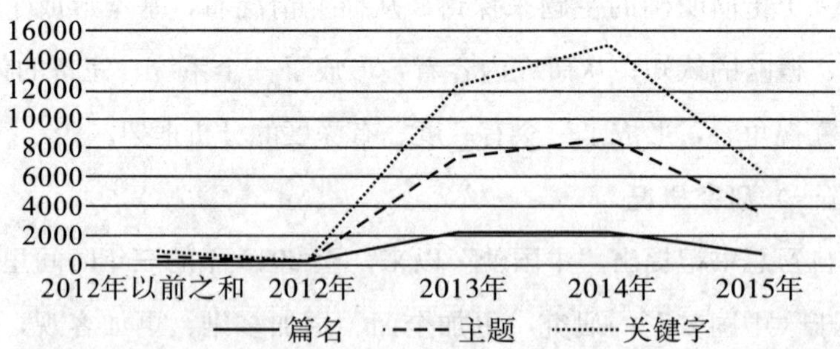

图1-1　2015年及以前中国知网收录的以“中国梦”为主题、篇名、关键词的核心期刊文章（备注：统计数据截至2015年12月）

表 1—1 2002—2015 年中国知网收录的以"中国梦"为题名的报纸文章

年份	2015	2014	2013	2012	2011	2010	2009	2008	2007	2006	2005	2003	2002
篇数	859	1201	2679	98	12	16	6	10	2	3	3	1	1
总数	4739			152									

（备注：统计数据截至 2015 年 12 月）

通过两组统计数据，我们可以发现，无论是期刊文章抑或是报纸文章，均是以 2012 年为转折点，2013 年呈"井喷式"发表，2014 年达到顶峰，到 2015 年逐渐趋于平稳。说明整个"中国梦"的研究就像过山车一样，经历了 2012 年以前的零散探讨，自 2012 年 11 月 29 日习近平总书记提出"中国梦"以来，学界研究热情高涨，2013 年、2014 年达到顶点，2015 年逐渐理性平稳。

2. 学术著作大量出版

笔者整理目前已出版的关于"中国梦"的著作发现，学术著作出版经历了一个如雨后春笋般的过程。2005—2012 年出版的著作可分为三类：第一类，主要从"国内和谐、世界和平"角度来探讨，以李君如《中国梦：和平发展的中国》、梁仁《中国梦：关于一个情结的沉思和拷问》为代表。第二类，提出当"美国梦"光环消退之时，作为一个要复兴的国家应该"打造什么样的梦想、实施什么样的战略"，以吴旭《为世界打造"中国梦"：如何扭转中国的软实力逆差》、刘明福《中国梦：后美国时代的大国思维与战略定位》为代表。第三类，着眼中国未来命运，提出中国实现梦想的路线图以及圆梦应承担的责任，以周天勇《中国梦与中国道路》、胡鞍钢《2030 中国：迈向共同富裕》与《中国 2020：一个新型超级大国》为代表。

2013 年后，关于"中国梦"的学术著作大量涌现。主要分为三类：第一类，以解读、宣传为主，中共中央对外联络部研究室编辑的《中共十八大：中国梦与世界》、中共中央宣传部理论局编纂的《深度解读中国梦——马克思主义理论研究和建设工程深化中国梦研究成果汇编》、中央文献研究室编写的《习近平关于实现中华民族伟大复兴的中国梦论述摘编》最具代表性。第二类，专家学者从历史基础、基本内涵、内在逻辑、实现途径多个维度阐发对“中国梦”的深刻认识，代表性著作有汪玉奇等《中国梦：昨天·今天·明天》、姚晓宏《中国梦：未来国家战略与中国崛起》、李君如《中国道路与中国梦》、戴立兴与邢孟军主编的“中国梦与中国特色社会主义研究丛书”、唐洲雁《实现中国梦的重大战略部署》、刘冠军《“中国梦”研究》、洪向华《中国梦：历史、比较和现实》、张维为《国际视野下的中国道路和中国梦》、赵磊《中国梦与世界软实力竞争》、石毓智《纵横中国梦：一个学者的独特视野》、赵阳与林园《中国梦研究》、张维为《中国超越：一个“文明型国家”的光荣与梦想》、任晓驷《中国梦》（英文修订版）、张涛甫《“中国梦”的文化解析》等。第三类，把“中国梦”与中国特色社会主义结合起来进行研究，着重从经济、政治、文化、社会、生态、党建、外交、国防等方面来阐述，以“中国梦·中国道路丛书”“中国梦与中国特色社会主义研究丛书”为代表。

3. 研讨会议频繁举行

2012 年以前召开的学术研讨会，主要是由吴建民发起组织，于 2006—2008 年连续三年召开的“中国梦与和谐世界”研讨会。2012 年后为促进“中国梦”的研究，学界围绕这一主题举办了多次高水平的学术研讨会，以“中国梦”为主题，或以“中国梦”为重大议题来进行，从地域看兼有国际性、全国性、地方性等特点，如表1-2所示。

表1-2　2013—2014年中国学术界以“中国梦”为主题的学术研讨会

时间	会议名称	地点
2013.5.11—2013.5.12	全国第六届《思想理论教育导刊》论坛	湖南长沙
2013.5.29	“西柏坡精神与中国梦”高层理论研讨会	河北石家庄
2013.6.7	“中国特色社会主义道路与中国梦”理论研讨会	山东青岛
2013.6.17	“中国特色社会主义与中国梦”理论研讨会	上海
2013.9.21	“中国特色社会主义与中国梦”高层论坛	湖北武汉
2013.9.26—2013.9.27	第十届全国马克思主义论坛	陕西西安
2013.11.30	全国马克思主义理论博士后论坛	湖南湘潭
2013.11.1	“中国梦与中国道路”理论研讨会	北京
2013.12.6	第六届10+3媒体合作研讨会	云南昆明
2013.12.8—2013.12.9	中国梦国际研讨会	上海
2013.12.19	“毛泽东与中国梦”研讨会	湖南韶山
2014.1.20	第一届当代世界与社会主义学术研讨会	上海
2014.12.15	中国特色社会主义发展论坛	河北邯郸
2014.12.16	“周恩来与中国梦”学术研讨会	浙江绍兴

4. 期刊课题大力支持

国内权威期刊均开辟了专栏发表关于“中国梦”的学术文章，如《马克思主义研究》的“中国梦”与民族复兴栏目、《社会主义研究》的“理论聚焦热点”栏目、人大复印资料《中国特色社会主义理论》的“中国梦专题”。两报一刊——国家的喉舌也分别设置专题探讨“中国梦”，如人民网的“百名专家畅谈中国梦”栏目、光明网的“中国特色社会主义与中国梦”栏目、红旗文稿的“中国梦人民梦”栏目。

2013—2015年国家哲学社科基金共有40个项目立项，其中特别委托项目2项、重大项目4项，重点项目5项，一般项目16项，青年项目6项，西部项目7项，涉及学科马列·科社、哲学、国际问题研究、新闻与传媒、体育学。对于这些项目，国家均有课题经费支持以保障研究。此外，各省社科规划办也有关于“中国梦”的省级课题并配套资金以保证研究水平。

（二）研究内容

研究内容围绕“中国梦”三大主题——“来自何处，去向何方；如何理解，如何实现；为何提出，如何研究”进行了宽领域、多层次、广视角的研究。

1. “中国梦”来自何处

从概念的演进轨迹探究，汪谦干认为，“中国梦”成为社会热词经历了最早见于南宋诗句中，到显现于中国近代仁人志士的救国方案中，后分别运用于1932年“中国梦想”征文和1987年《中国梦》话剧，自2006年开始作为集中讨论的主题，至2012年上升为国家层面的阐释而引发社会各界高度关注的过程[①]。吴怀友提出"中国梦"概念经历了以 2006 年、2007—2010 年、2011—2012 年为时间节点，分别与"和谐世界""奥运和国家战略""强国、富民、人才成才"等主题相关的三个阶段[②]。戴雪梅进一步指出，"中国梦"概念诞生于被称为中国崛起年的 2005 年，并在中国成为世界第二大经济体的 2010 年得到重申，2012 年以中华民族伟大复兴为指向与依归[③]。与此相反，孙来斌认为，"中国梦"作为概念定型，是在习近平总书记提出并阐发"中国梦"后。在习近平总书记之前的有关"中国梦"的提及与探讨，均属一般讨论，只能代表个人观点，因而只能视作"中国梦"新理念的思想前史[④]。

从梦想的历史渊源追寻，李君如认为，近代以来一代代中国人追求民族复兴梦的历程主要是两个一百年，前一百年求得民族独立和人民解放，后一百年谋求国家繁荣富强和人民共同富裕[⑤]。辛向阳指出，中国梦与近代以来中华民族的奋斗相伴而生。鸦片战争至中国共产党成立之前，先后有洋务派自强求富梦、农民阶级的天国梦、维新派的改良梦、革命派的共和梦破碎，直至共产党成立后带领人民不懈奋斗，成立新中国，"中国梦"的实现有了可靠保障。[⑥] 石仲泉认为，中国共产党 90 多年的历史就是艰辛追逐"中国梦"、努力

---

① 汪谦干．"中国梦"一词的由来［J］．当代中国史研究，2013（6）：110−116．

② 吴怀友，王艳红．"中国梦"提出的学术背景与学理资源——"现在，大家都在讨论中国梦"的解读［J］．辽宁师范大学学报（社会科学版），2014（4）：449−459．

③ 戴雪梅．中国梦学术史述评［J］．毛泽东邓小平理论研究，2013（7）：31−37．

④ 孙来斌，黄兰．中国梦研究述评［J］．当代世界与社会主义，2013（4）：191−196．

⑤ 李君如．中国梦的意义、内涵及辩证逻辑［J］．毛泽东邓小平理论研究，2013（7）：14−17．

⑥ 辛向阳．中国梦的历史演进及其启示［J］．重庆社会科学，2013（5）：5−11．

探索中华民族复兴之路的历史。①

总的来讲，“‘中国梦’从提出到阐发经历了一个由抽象而具体的过程”②。中华民族从鸦片战争至新中国成立前100多年的苦苦挣扎，到新中国成立至今70年的昂首阔步，演绎了不畏艰辛、前后相继的接续奋斗史。历史的厚重和精神的引领赋予“中国梦”成为具有内在逻辑的民族梦想而不是一个简单概念。

2.“中国梦”是什么

对“中国梦”是什么的研究，主要从对“中国梦是什么”的认知、“‘中国梦’与马克思主义中国化的关系”两个方面来进行。对“中国梦”的认知是搞清楚“中国梦”与马克思主义中国化关系的前提。

(1) 对“中国梦是什么”的认知

笔者梳理了当前学界对“中国梦”形成的正确认知。这些认知主要从内涵、特征、精神实质、文化意蕴、内在逻辑五个维度对“中国梦”进行解读，由于切入视角不同且各有侧重，观点也不尽相同。

对“中国梦”内涵的理解有四种代表性观点：第一种，“一元本质说”，石仲泉和秋石分别将“实现中华民族伟大复兴”“中国人民的梦”当作“中国梦”的本质内涵。第二种，“二元层面说”，认为要从“国家和个人”③、“硬实力和软实力”④、“对内和对外”⑤ 两个

---

① 石仲泉．“中国梦”思想：从毛泽东到习近平［J］．毛泽东邓小平理论研究，2013（10）：1—7．

② 王先俊．“中国梦”的历史和思想逻辑［J］．观察与思考，2013（10）：9—15．

③ 熊若愚．中国梦的十个梦［N］．学习时报，2013—04—08（003）．

④ 艾四林．“中国梦”与中国软实力［J］．中国特色社会主义研究，2013（3）：16—18．

⑤ 邱德胜．“中国梦”的双重内涵［N］．光明日报，2013—05—10（011）．

层面理解"中国梦"。第三种，"三元复合说"，认为"中国梦"是一种复合梦，是集"个体、集体、民族"①、"世界维度、国家维度、民众维度"② 相统一的梦想。第四种，"多维视角说"，从多个视角出发丰富具体化了"中国梦"的内涵。综而述之，可概括为五个梦想，即"政治大国梦、经济强国梦、文化兴国梦、天下大同梦、美丽中国梦"③。

对"中国梦"特征的分析，主要有三种概括：第一种，"根本属性说"，认为"中国梦"最根本的属性就是"社会主义的共享之梦"④。第二种，"三特征说"，既有传播过程中"规模大、领域广、与世界分享"⑤，也有本身蕴含"最广泛的民族共识、最强烈的民族情怀、最彻底的民族信念"⑥，还有广泛性与包容性统一、科学性与长远性统一、个性与共性统一的三大特征⑦。同时，洪向华将其概括为五大内在属性，孟东方提炼为"八大特征"，韩振峰总结为"十大特征"。这些都是基于"三种概括"引申出来加以展开论述的，因而不再赘述。

关于"中国梦"的精神实质，既体现了社会主义的本质追求，

---

① 叶再春．"中国梦"随想［J］．前线，2013（1）：58－61．

② 韩庆祥．解释方位　思维方向　实现方式　中国梦背景、实质与内涵［J］．人民论坛，2013（16）：31－33．

③ 洪向华．民族复兴中国梦［M］．北京：红旗出版社，2013：230．

④ 孙力．中国梦：社会主义的共享梦［J］．思想理论教育，2013（9）：4－8．

⑤ 李庆英．"中国梦"是历史自觉，是责任担当［N］．北京日报，2012－12－03（017）．

⑥ 汪玉奇．中国共产党人与中国梦［J］．农业考古，2013（1）：1－4．

⑦ 秦宣．准确把握"中国梦"的科学内涵和时代特征［J］．思想教育研究，2013（6）：17－19．

又蕴含着中国自古以来生生不息的奋发图强的价值理想与追求[①]，其根本目的在于"凝聚力量、攻坚克难、寻求共识"[②]，达到宏大理想与现实生活的统一、国家本位与以人为本的统一、民族诉求与世界视野的统一[③]。

对于"中国梦"的文化意蕴，金元浦认为，"中国梦是文化中国之梦"，其内蕴的"天下为公、世界大同"理念凸显了中国传统文化在全球化进程中为人类社会发展铺陈的中国底色，从其他视角提供了选择其他思路的可能性[④]。刘茂杰、周培清、林涵提出，"中国梦"是植根于中华民族传统、马克思主义，顺应时代主流"和"文化之下的天下和美梦、和谐发展梦、世界和平梦[⑤]。邸敏学、任晓华从传统文化、革命文化、世界文化三个层面，来阐述"中国梦"的文化意蕴，并认为"中国梦"彰显了我国对世界文化的新贡献[⑥]。

除了对"中国梦"进行积极解读，学界还存在着将"中国梦"僵化、庸俗化、片面化理解的倾向。其主要表现：将"中国梦"当成"标签"到处生搬硬套；将"中国梦"作简单理解，即没有指向人民的"中国的梦"、不顾世界的狭隘民族梦、恢复历史的民族复古

---

① 张雪梅. 中国梦的精神实质与实现路径——兼论中国特色社会主义发展的制度文化逻辑 [J]. 社会主义研究，2013 (4)：1-6.

② 韩庆祥. 实现中国梦必须走中国特色社会主义道路 [N]. 人民日报，2013-10-31 (007).

③ 闫莉. "中国梦"：生成逻辑·精神实质·实现路径 [J]. 理论月刊，2014 (1)：30-33.

④ 金元浦. 中国梦的文化精神 [J]. 求是，2013 (14)：46-48.

⑤ 刘茂杰，周培清，林涵. 中国梦彰显"和"文化意蕴 [J]. 人民论坛，2015 (1)：60-61.

⑥ 邸敏学，任晓华. 中国梦的文化意蕴 [J]. 山西大学学报（哲学社会科学版），2014 (6)：131-137.

梦、超越中国特色社会主义的"新目标"和"新任务"、不切实际的乌托邦梦想等[①]。更有甚者，误以为中国将会抛弃共产主义理想和马克思主义信念[②]。所以，我们一定要警惕这种对民族复兴"中国梦"的误导和曲解，向外界真正讲清楚"中国梦"不是西方"宪政梦"，不是自由放任梦，不是"普世价值"梦，不是个人主义梦[③]。

(2)"中国梦"与马克思主义中国化的关系

在对"中国梦"有了正确认知的前提下，专家学者还分别从马克思主义中国化、中国特色社会主义两个维度探讨其与"中国梦"的逻辑关联，形成了对"中国梦"更深层次的认识。

从"中国梦"与马克思主义中国化的互动关联解读，刘建武认为，"中国梦是以习近平为核心的新一届中央领导集体着眼于坚持和发展中国特色社会主义而提出的重大战略思想，顺应了马克思主义中国化发展的新要求，为马克思主义中国化理论成果注入了新的科学内涵，在新的历史起点上开启了实现中华民族伟大复兴和推进马克思主义中国化的新征程。"[④] 孙红林提出，"中国梦"为马克思主义中国化增添丰富内容、赋予民族使命，要实现"中国梦"就必须坚持和发展马克思主义，不断开创马克思主义中国化、时代化和大众化的新境界[⑤]。梁言顺指出，中国特色社会主义是"中国梦"的核心

---

① 韩振峰. 消除对中国梦的认识误区 [J]. 红旗文稿，2013 (20)：12－14.

② 左玲. 廓清对"中国梦"的五种误读 [J]. 探索，2013 (6)：26－31.

③ 钟君. 要警惕对民族复兴中国梦的误导和曲解 [J]. 红旗文稿，2014 (10)：8－12.

④ 刘建武. 中国梦与马克思主义中国化的新境界 [J]. 毛泽东研究，2015 (1)：19－26.

⑤ 孙红林. 马克思主义中国化进程中的"中国梦" [N]. 光明日报，2013－05－05 (007).

基点，“中国梦”的研究视域为反观中国特色社会主义打开了视野①。

从“中国梦”与中国特色社会主义的互动关联展开，梅荣政认为，中国特色社会主义是贯穿实现“中国梦”各个方面的本质规定②。张翔、朱宇认为，“中国梦”以全新的视角深化了对中国特色社会主义基本规律的认识，丰富了中国特色社会主义的科学内涵，开创了中国特色社会主义的崭新境界③。史文清坚持，“中国梦”是中国特色社会主义重大思想理论成果。④ 辛鸣指出，中国特色社会主义为“中国梦”确立根本方向和基本价值，中国道路为“中国梦”奠定基础⑤。中国梦既是“中国特色社会主义的价值目标”⑥，也是“中国特色社会主义的本质体现”⑦。

3. 为何研究“中国梦”

从理论意义上看，“中国梦”蕴含着重大的理论创新意义，通过话语体系的创造性转换，给中国和世界描述了一个清晰的目标。“中国梦的提出，对于激发全党的理论创造，满足人民群众的理论需求，推进马克思主义中国化，都具有十分重要的意义”⑧。

---

① 张维为，梁言顺，胡鞍钢. 为实现中国梦提供有力理论支撑［N］. 光明日报，2013-07-10（011）.

② 梅荣政. 中国梦与世界社会主义［J］. 重庆邮电大学学报（社会科学版），2014（1）：1-10.

③ 张翔，朱宇. 中国梦：中国特色社会主义的新境界［J］. 红旗文稿，2014（1）：24-26.

④ 史文清. 中国梦是中国特色社会主义重大思想理论成果［N］. 学习时报，2013-05-20（001）.

⑤ 辛鸣. “中国梦”、中国道路与中国特色社会主义［N］. 学习时报，2013-03-11（003）.

⑥ 原魁社. 人民主体性：“中国梦”的现实基础与价值指向［J］. 中国特色社会主义研究，2013（3）：19-22.

⑦ 秋石. 中国梦为中国特色社会主义注入新能量［J］. 求是，2013（9）：14-16.

⑧ 黄相怀：中国梦的理论创新意义［J］. 求是，2013（11）：62.

从实践价值上看，"中国梦"在党与群众之间架起了一座直通的桥梁，用目标来凝聚人心、动员人民、组织队伍，进而激发中国人民为之奋斗的热情，形成推动深化改革的巨大力量①。

从中国特色来看，"中国梦"是对关乎党和国家命运根本问题的深刻思考，对人民利益关切的时代回应。"树立什么样的理想、怎样实现理想""实现什么样的目标、怎样实现目标"② 是"中国梦"基于当前中国的客观需要而展开的积极回答，"描绘了共同奋斗的图景，提振了民族的信心，将整合一切可以整合的力量"③，对于力量的有效凝聚、活力的创造激发具有积极意义。

从世界意义来看，"中国梦"能够为人类文明做出贡献，提供示范和引领。"中国梦不是独角戏，而是大合唱，把 13 亿人的奋斗融入浩荡的时代潮流，以中华民族的复兴为世界带来更多的新希望、新机遇，从而为人类文明做出新的更大的贡献"④。同时，"'中国梦'是一个图景，但更是一种模式。靠着民族的特有的勤劳、隐忍和智慧走出的更具说服力、更具效仿性的复兴之路"⑤。

4. "中国梦"去向何方

从中华民族伟大复兴的指向来研究，"中国梦"发展之后，应指向的是以物质文明、政治文明、精神文明、社会文明、生态文明为

---

① 李君如. 中国梦的意义、内涵及辩证逻辑［J］. 毛泽东邓小平理论研究，2013（7）：14－17.

② 邢理. 对"中国梦"深远意义的学理阐释［N］. 新华每日电讯，2013－05－22（003）.

③ 资金议. 中国梦价值多维探析［J］. 中共云南省委党校学报，2013（4）：45－48.

④ 史为磊. 当前"中国梦"的研究综述［J］. 社会主义研究，2013（4）：12－22.

⑤ 吴旭. 为世界打造"中国梦"——如何扭转中国的软实力逆差［M］. 北京. 新华出版社，2009：7－8.

综合基础之上的文明复兴[①]。这种复兴“不是‘复古’——复古解决不了今天中国面临的问题，也不能应对世界挑战；更非‘接轨’——西方难言先进，且自顾不暇；而是复兴、包容、创新的三位一体”[②]。

从中华民族伟大复兴的参照系来研究，“复兴”有两个标准可供参照，即“古代中国在历史上的兴盛状况”与“人类文明的贡献率”[③]。作为现实参照，绝不是对历史的简单描摹与重复，而是更为高远深刻的思想意蕴与价值内涵。指向当下，具体就是“政治大国梦、经济强国梦、文化兴国梦、天下大同梦、美丽中国梦”[④]。

从中华民族伟大复兴的指标来研究。张莉用一级指标（3 项）、二级指标（10 项）、三级指标（44 项）构成“中国梦”的评价体系。同时指出，“中国梦”指标体系是动态、发展、全面反映“中国梦”实现程度的复合体系，是对全面建设小康社会、社会主义现代化评价体系的综合与发展[⑤]。杨宜勇团队则认为，中华民族复兴至少应该包括综合国力进一步增强与人民生活水平达到现代化、社会全面进步、民主完善与法治完备、人与自然和谐发展、祖国统一并为世界做出更大贡献等五个方面的内容。他们建立的三级监测评价指标体

---

① 郑必坚. “中国梦”与世界大事 [J]. 外交评论（外交学院学报），2006（2）：13—14.

② 王义桅. 中国模式正在打破“普世价值”霸权 [N]. 人民日报海外版，2013—01—11（001）.

③ 石仲泉，李君如，胡鞍钢，颜晓峰. 名家畅谈中国梦 [J]. 前线，2013（6）：4—9.

④ 张书林. 民族复兴中国梦：解梦・追梦・圆梦 [J]. 江苏省社会主义学院学报，2013（3）：25—30.

⑤ 张莉. 中国梦目标指向及指标体系探究 [J]. 探索，2015（2）：17—23.

系测算出 2005 年和 2010 年中华民族复兴指数，分别为 46.4% 和 62.7%[①]。

从"两个一百年""现代化"与中华民族伟大复兴的关系来研究，近代中国梦和现代中国梦是"中国梦"历史之维的两个百年夙愿，它们构成中华民族伟大复兴和社会主义现代化的中国大梦。中华民族伟大复兴是贯穿联结两大百年夙愿的主题[②]。虽然，实现现代化与民族复兴在近代中国是被作为同一概念连接一起而使用。但是两者有显著不同，中华民族伟大复兴这一梦想代代相传，从未改变；而中国的现代化则在模式与道路上几经转换，内涵也在不断丰富。现代化是实现中华民族伟大复兴的途径与手段[③]。

5."中国梦"如何实现

对于"中国梦"如何实现，专家们从面对的挑战与困境谈起，进而具体讨论实施步骤、实现条件、依靠力量、关系辨明。

关于实现"中国梦"面临的挑战和风险，主要表现为国际和国内两个层面。从国际层面看，国际形势复杂多变、世界主要大国战略东移，再加上客观上存在的中外制度、文化、意识形态的差异都构成"中国梦"实现的障碍[④]。从国内层面看，民主法制有待完善，生态问题亟须重视，人民利益诉求多元发展与满足利益诉求方式单

---

① 杨宜勇，谭永生. 中华民族复兴进程监测评价指标体系及其测算［J］. 中共中央党校学报，2012（3）：45—48.

② 齐卫平. 中国梦的历史解读：两个百年夙愿［J］. 中国浦东干部学院学报，2014（1）：25—31.

③ 纪亚光. 中国特色社会主义现代化与"中国梦"［J］. 理论学刊，2014（1）：92—95.

④ 胡宗山. 论实现"中国梦"的国际机遇与挑战［J］. 社会主义研究，2013（5）：28—34.

一之间的矛盾仍然存在①。另外，郑永年教授指出，“‘中国梦’的实现首要克服的就是‘中国意识危机’”②。

关于“中国梦”的实施步骤，在“前两步”上学术界基本达成一致，即认为实现“中国梦”都要经历：第一步，建党100年时全面建成小康社会；第二步，中华人民共和国成立100年时基本实现现代化③。在第三步上，就有所分歧。石仲泉认为，第三步，就是“在本世纪中叶达到中等发达国家水平以后，继续奋斗，接近和达到世界上发达国家的水平”④。胡鞍钢则认为，“在整个21世纪，不断巩固和发展中华民族的伟大复兴”⑤。

关于“中国梦”的实现条件，学术界得出的共识就是“奋力实现中国梦，就要毫不动摇地坚持、与时俱进地发展中国特色社会主义”⑥。除此之外，还应做到：第一，必须坚持中国共产党的领导。“中国梦的最终实现，中华民族的伟大复兴，只有在中国共产党领导下才有可能”⑦。第二，必须紧紧依靠人民群众。“人民是历史的创造者，群众是真正的英雄。广大人民群众的团结奋斗是实现中国梦的

---

① 王建国，冯连军，朱天义．“中国特色社会主义与中国梦”高层论坛综述［J］．社会主义研究，2013（5）：35－37．

② 郑永年．“中国梦”需要超越中国意识危机［EB/OL］．（2013－05－15）［2018－10－23］．http：//opinion．huanqiu．com/opinion＿china/2013－05/3935381．html．

③ 辛向阳．“中国梦”与“两个一百年”［J］．中共贵州省委党校学报，2013（4）：18－22．

④ 石仲泉．“中国梦”三题［J］．理论探索，2013（6）：43－46．

⑤ 石仲泉，李君如，胡鞍钢，颜晓峰．名家畅谈中国梦［J］．前线，2013（6）：4－9．

⑥ 包心鉴．今天我们如何实现中国梦［N］．人民日报，2013－07－29（007）．

⑦ 邓纯东．中国共产党让“中国梦”有了实现的可能［N］．中国社会科学报，2013－07－01（A05）．

主体力量"[①]。第三，必须总结实践经验。建党九十多年的实践，我们得出了"中国特色社会主义道路、理论体系、制度分别是实现中国梦的根本途径、行动指南、制度保障"[②]。进而，"在实现中华民族伟大复兴中国梦的进程中，必须要坚持道路自信、理论自信、制度自信"[③]。第四，必须依靠具体实践。"中国梦"的实现要融入经济建设、政治建设、文化建设、社会建设、生态文明建设和党的建设的基本路径中[④]。

关于"中国梦"与实践指引关系的厘清，"中国梦"与"四个全面"、深化改革开放、"三个倡导"、"践行群众路线"有密切的关系。第一，与"四个全面"的关系。专家学者均认为"四个全面"是引领"中国梦"实现的战略布局[⑤]。第二，与改革开放的关系。专家学者认为实现"中国梦与推进改革开放是一个问题的两面，不改革，空谈改革，乱改革，都不可能实现中国梦"[⑥]。第三，与"三个倡导"的关系。专家学者认为"中国梦与社会主义核心价值观有机统一于中国特色社会主义实践，后者是前者的价值内核与思想保证"[⑦]。第四，与群众路线的关系。专家学者认为"中国梦"的内涵和群众路

① 王伟光. 唯物史观视野下的中国梦 [J]. 求是，2014 (7)：13－15.

② 肖贵清. 实现中国梦的根本途径、精神支撑、力量之源 [J]. 思想理论教育，2013 (11)：4－10.

③ 李捷. 坚定"三个自信"：坚定不移走中国道路 [N]. 人民日报，2013－05－31 (007).

④ 张富文. 中国梦的实现路径探析 [J]. 河南社会科学，2013 (9)：32－35.

⑤ 徐中. "四个全面"：引领实现中国梦的战略布局 [N]. 光明日报，2015－06－28 (007).

⑥ 李君如. 论"中国梦"与改革开放 [N]. 北京日报，2013－05－27 (017).

⑦ 张朋智. 社会主义核心价值观与中国梦的内在联系 [N]. 光明日报，2013－04－06 (011).

线的本质要求相一致、实现目标与群众路线的价值追求相一致、实现主体决定了必须坚持走群众路线、“中国梦”的实现是群众路线提出的直接动因、“中国梦”的最终实现需要党以创新的精神贯彻群众路线①。

6. 如何研究“中国梦”

第一，必须培养问题意识。刘云山指出，我们既有实现民族复兴中国梦的有利条件和坚实基础，也面临着由于时代的发展而出现的世所罕见的矛盾和难题。这就要求我们必须有强烈的问题意识，敢于正视问题、善于发现问题，坚持用科学的方法分析和研究问题，敢于触及矛盾、解决问题的责任担当，同时还要到实践和群众中寻找解决问题的办法，通过学习提高解决问题的能力②。

第二，必须掌握正确的方法。孙来斌提出，对“中国梦”的研究必须紧扣其基本问题，在马克思主义的立场、观点、方法指导下，具体采取理论与实践相结合、历史研究与比较研究相结合、量化研究与质性研究相结合③。

第三，必须要把“中国梦”的研究与中国特色社会主义的研究紧密结合。刘奇葆指出，中国特色社会主义是新时期我们党全部理论和实践的主题，“中国梦”是近代以来中华民族最伟大的梦想。只有把“中国梦”与中国特色社会主义统一，做到“四个讲清楚”，才

① 程美东. 论中国梦与群众路线的内在联系［J］. 中国特色社会主义研究，2014（2）：22—25.

② 刘云山. 增强问题意识　坚持问题导向［J］. 党建，2014（6）：6—9.

③ 孙来斌. 关于中国梦何以能以及如何去研究的思考［J］. 安徽师范大学学报（人文社会科学版），2014（3）：265—268.

能阐释好"中国梦"的重大意义、精神实质和实践要求[①]。

第四，必须将科学化研究与具体路径探索相结合。"中国梦的科学化研究是对中国梦进行具体化研究的前提"[②]，现实中学术界对"中国梦的具体实施路径和评价尺度"[③] 等问题的探讨极为不足。因而，就需要在对"中国梦"进行总体的科学化研究的基础上，进一步对其具体路径等微观问题进行探究。

（三）研究视角

1. 比较视域

从纵向来看，"中国梦从中国近代的屈辱与抗争中走来，从新中国接力探索中走来"[④]。"中国梦的'寻根、萌芽、成形、圆梦'四个环节与中华民族的前天、昨天、今天和明天相对应"[⑤]。

从横向来看，学术界力求从比较客观的视角对"中国梦"与"美国梦"进行比较，得出一个基本结论：二者既有本质区别又有相同之处。从本质来看，"美国梦"追求独领风骚的单极世界，强调个人和金钱，正变得虚无缥缈；"中国梦"强调世界命运共同体，重视个人前途与国家命运相连，正探索开辟人类文明多样化的美好前景[⑥]。从一致性来看，"中国梦"与"美国梦"都内在地意涵"美好生活源于辛勤劳动"，所以持包容互鉴的态度才是正确对待两种内涵

---

① 刘奇葆．为实现中国梦提供有力理论支持［J］．求是，2013（11）：3－6.

② 董娟．当前中国梦研究述评［J］．中共天津市委党校学报，2014（3）：84－89.

③ 张明．"中国梦"研究不应"去政治化"［J］．青海社会科学，2013（5）：7－11.

④ 李捷．从中国近现代历史看中国梦［J］．中共党史研究，2014（6）：33－41.

⑤ 黄新初．同梦想共奋斗——关于中国梦的几点思考［J］．求是，2013（16）：18－20.

⑥ 朱继东．"中国梦"和"美国梦"的差异在哪里？［J］．党建，2013（2）：28－30.

和外延都不同的梦想的基点①。

2. 多学科视域

从目前的研究来看，学者们凭借专业、广博的知识积累，对“中国梦”进行了学科视角切入下的相关探究。其中，囊括哲学、文化史、伦理学、政治学、经济学等人文科学视角，丰富了“中国梦”的外延，为准确把握“中国梦”提供了充足的材料。

从哲学视角来探讨，傅艳蕾认为，当代的“中国梦”内在地蕴含着个体与整体关系的哲学命题，如何做好平衡是实现“中国梦”的重点和难点②。

从文化史视角来阐述，许纪霖将富强与文明、文明与文化、世界古老的轴心文明与现代文明等几组概念置于各国文明史的分析对比中，探讨了中国崛起的秘诀。③

从伦理学视角来深化，祝福恩认为，“三个倡导”做到了国家理想、社会导向和个人行为规范水乳交融的统一，为“中国梦”的实现提供了强大精神动力④。

从政治学的视角来强调，“中国梦”的政治内涵从根本上说涉及政治权力如何安排才能实现和保障人民共享发展成果。而如何保持政治权力的人民性、落实和平等保障人民的权益，就成为承接历史任务、破解现实难题的迫切需要⑤。

---

① 祁怀高. “中国梦”与“美国梦”互鉴［J］. 决策与信息，2013（4）：41-42.

② 傅艳蕾. 个体与整体之辩：“中国梦”的当代哲学意蕴［J］. 社会主义研究，2013（4）：7-11.

③ 金元浦. “中国梦”的文化源流与时代内涵［J］. 人民论坛·学术前沿，2013（7）：48-57.

④ 祝福恩. “三个倡导”助推“中国梦”［N］. 光明日报，2013-03-02（011）.

⑤ 颜德如，黄文义. 论“中国梦”的政治内涵［J］. 理论探讨，2013（5）：5-9.

从经济学视角来考察，实现"中国梦"必须跨越"中等收入陷阱"[①]，将"中国梦"置于"资本内在否定性"的发展坐标中进行考察，发现"中国梦"在世界进程中具有特定意义，彰显出的是一种贴近未来社会的以人民群众为本的价值观。[②]

3. 理论学理视角

从学理支撑来看，"中国特色社会主义和中国梦应是哲学社会科学首要研究阐释的任务"[③]。原因有二，其一，中华民族伟大复兴的内涵是一个内容完整、各部分地位明确的理论体系[④]；其二，梳理"中国梦"的内涵和外延，发掘"中国梦"的历史传承和时代意义，阐述"中国梦"的合理性、必要性、正义性，这是推动"中国梦"走向社会、走向世界的重要理论基础[⑤]。

4. 实践遵循视角

从实践基础来看，追逐和实现"中国梦"，一定要坚持马克思主义的理论信仰，一定要坚持党的全心全意为人民服务这个伟大宗旨[⑥]。同时，"中国梦"是以实践为基础的科学理想，只有通过坚持不懈的实干，才能变为生活中的现实[⑦]。

---

① 马晓河．中国梦的经济学解读［J］．北大商业评论，2014（11）：40－46．

② 沈斐．中国梦的经济学诠释——基于"资本内在否定性"的考察［J］．马克思主义研究，2014（3）：58－64．

③ 刘奇葆．为实现中国梦提供有力理论支持［J］．求是，2013（11）：3－6．

④ 张维为，梁言顺，胡鞍钢．为实现中国梦提供有力理论支撑［N］．光明日报，2013－07－10（011）．

⑤ 张维为，梁言顺，胡鞍钢．为实现中国梦提供有力理论支撑［N］．光明日报，2013－07－10（011）．

⑥ 石仲泉．"中国梦"的实践基础［J］．人民论坛，2013（16）：34－35．

⑦ 李君如．实现"中国梦"的辩证逻辑［J］．中国特色社会主义研究，2013（3）：12－15．

综合国内研究，我们发现现有的研究基本具有全面化、系统化、条理化的特点，但仍然存在以下不足：第一，研究文章有解读性倾向，从学理角度分析较少。学界对于“中国梦”的研究，主要从习近平总书记的讲话精神中探讨，侧重对“是什么”的探讨，而忽略对“为什么”的思量，最后的落脚点实质上是本义解读而非学理分析。更为主要的是没有从“中国梦”与“马克思主义中国化”互动的理论高度来研究，没有搞清楚二者之间的关系，对于“中国梦”的科学定位就会有失偏颇，造成对“中国梦”基本问题的混淆。第二，研究内容有简单化的倾向，深入挖掘不够。从一定程度讲，关于“中国梦”的历史背景、科学含义、基本特征、实现路径、理论与实践意义的研究浅尝辄止，“中国梦”蕴含的基本方面之间有什么逻辑关系，每一个方面又蕴含什么内在的逻辑，没有讲清楚。这些问题不讲清楚就会落入“中国梦只是宣传口号”的窠臼，让老百姓难以信服，更不用提转化为行动指南。第三，研究视域有狭隘化的倾向，比较性研究薄弱。“中国梦”是一个包容性极强的概念，也是内容十分丰富的梦想。如果只从中国向度来谈“中国梦”，就忽略了全球化的大背景，对世情的判断不准确，就会为时代所抛弃。对“中国梦”的研究虽然有横向和纵向的比较视角、学科交叉的视角、定量和定性的视角，但是在比较过程中由于缺乏世界眼光，对“中国梦”与国际视野的关系不明晰，使得“中国梦”的世界价值难以凸显。

二、国外研究动态

国外学界和政界对“中国梦”保持了极大的关注，从对“中国梦”的理解、对“中国梦”的评价、中国应如何做好“中国梦”的宣传工作等方面，提出了独特的看法和见解。

（一）对"中国梦"的理解

国外学者的研究从"中国梦"的内涵、概念、意义入手，结合自身的专业背景与个人经历对"中国梦"持有或肯定、或偏见的态度。

有些外国学者对中国的近现代史比较了解，并对中国保持长期而持续的关注，基本上对"中国梦"持比较肯定的态度。俄罗斯研究员亚历山大·拉林表达了他对"中国梦"概念的认同，他认为"习近平关于提升人民物质生活水平的表达，是将每个人的愿望汇聚而形成的一种和谐，这种和谐是整个国家的梦想，实际就是'中国梦'"[①]。美国学者约翰·奈斯比特进一步指出，"中国梦"有着符合现实的内容，绝不是一个抽象的概念。"'中国梦'追求的终极目标不仅是经济发展，更是一种振奋人心的精神力量。"[②] 所以，"中国梦"具有积极的意义。对中国内部而言，"'振兴中国'框架更广泛、更易为人民理解和接受、更利于凝聚人心和统领社会发展。"[③] 对世界而言，"在一个需要对人类发展思维方式和认识论进行更新变革的时代，无论'中国梦'能否为世界政治经济发展理念做出贡献，它都不失之为一种转变思路的有益探索。"[④]

---

① 拉林．海外专家：四大正资产助力"中国梦"［EB/OL］．(2013－11－08)［2018－10－23］．http：//china．cankaoxiaoxi．com/2013/1108/298789．shtml．

② 约翰·奈斯比特．"中国梦"对世界具有吸引力［N］．中国社会科学报，2013－03－29 (A07)．

③ 政治观察室．外国学者眼中的中国梦：介于地缘政治、民族主义和生存之间［EB/OL］．(2013－07－26)［2018－10－23］http：//www．politician．com．cn/a/zhengzhipinglun/guonazhengzhipinglun/ChinaDream/2013/0726/1779．html．

④ 毛建平．一个西方学者眼中的"中国梦"［N］．社会科学报，2013－05－16 (003)．

另外，一些国外学者对待“中国梦”的否定态度，直接反映出他们在认知上的偏颇。他们片面地认为“中国梦”没有十分丰富的内涵，只是宣传口号的重复。他们武断地将“中国梦”视为新的威胁。

（二）对“中国梦”的评价

对于“中国梦”的评价，国外学者既有一致的方面，也有分歧的一面。

从其一致性看，国外学者均认为“中国梦”是中国雄心的集中体现，主要表现为两个方面：第一，“中国梦”是中国新世界观的集中体现。俄罗斯科学院远东研究所副所长谢尔盖·鲁佳宁认为，“中国梦”涵盖范围很广，既有个人层面的发展与致富，又有集体层面的民族复兴与国家的强盛。虽然国外对“中国梦”的解读不利于中国塑造正面形象，但“中国梦”也不会是追讨“历史欠账”的国家崛起规划，这体现了中国的新世界观。[①] 第二，“中国梦”是中国发展眼光的集中体现。波兰著名经济学家奥莱克西认为，伴随经济的快速发展，中国在国际舞台将发挥更大的作用。习近平提出“中国梦”是造福全体中国人民的梦想，这也给世界带来了历史机遇，中国的和平发展是中国领导人发展眼光的集中体现。[②]

从其分歧性看，国外学者集中于“中国梦”如期实现、给世界带来威胁的可能性的探讨。关于第一个分歧，国外学者从中国所处

---

① 俄罗斯学者：“中国梦”凸显中国新世界观［EB/OL］.（2013-7-22）［2018-10-23］. http：//column. cankaoxiaoxi. com/g/2013/0722/243193. shtml.

② 李增伟. 外国政要眼中的中国梦：中国梦体现战略眼光［EB/OL］.（2013-11-05）［2018-10-23］. http：//theory. people. com. cn/n/2013/1115/c359404-23548999. html.

的国内和国际环境进行了分析，得到"中国梦"得以如期实现的有利条件：拥有非常清晰的目标，有改革开放以来经济快速发展的深厚现实基础，"具有使国家富强的眼光"① 的扩大的中国中产阶级，有一个"强有力的政府"②，有以儒家思想为主流的传统文化的优势。同时，全球化的趋势使中国受益，东亚的总体和平使"中国梦"的发展具有和平的地缘环境，"中国的魅力攻势"③ 使世界越来越尊重中国。与此同时，中国还存在官员腐败、贫富不均、人口老化、资源短缺、环境污染，以及处于西方国家主导的国际秩序之下等众多不利条件。关于第二个分歧，国外学者从积极与消极两个方面提出见解。在积极方面："中国梦"有助于人类整体进步，"新的思维方式与梦想为世界承担起特殊的责任"④；"中国梦"可以为世界带来显而易见的利益，促进世界经济发展；"中国梦"有助于增进中美之间的交流，维护亚太地区稳定；"中国梦"为后发国家的发展与繁荣提供有益借鉴。在消极方面："中国梦"与"美国梦"相对立，"中国梦"的实现必然导致美国衰落，这将给世界带来噩梦；"中国梦"的实现会使中国强大；作为"中国梦"的一部分，强军梦会使中国投入更多资源建设军队。

（三）关于中国做好"中国梦"宣传工作的有益启示

由于文化背景、知识构成、人生经历的不同，国外学者对"中国梦"的理解与"中国梦"的真正内涵是有极大偏差的，这对国际

① 陶季邑．美国学术界的中国梦研究评析［J］．党的文献，2015（3）：111－117.

② 陶季邑．美国学术界的中国梦研究评析［J］．党的文献，2015（3）：111－117.

③ NYE，JOSEPH S．The Information Revolution and Soft Power［J］．Current History 2014，113（759）：19－22.

④ 毛建平．一个西方学者眼中的"中国梦"［N］．社会科学报，2013－05－16（3）.

社会准确理解“中国梦”造成极大的干扰。因而，中国有必要向国际社会讲好“中国梦”这个故事。要讲清楚“中国梦”不是“普世价值”梦、“超级大国”梦，讲清楚“中国梦”的实现考量与实现路径。从而，避免宣传时把“中国梦”庸俗化，理解时把“中国梦”教条化。

第一，通过各种途径向全世界阐释“中国梦”。国外有学者的研究强调，西方人不能准确理解“中国梦”的根本原因在于中西历史传统、文化意蕴的差异。汪铮指出，“中国梦”具有现实性，国内人民因能直观理解而热烈欢迎，外国人因不清楚其内涵而产生朦胧理解。这种理解与认知的分歧，是由于不同国家对历史存在差异化的认知所造成的。外国人能否理解“中国梦”成为是否拥有实现国家梦想的良好国际环境的前提考量。[①] 西班牙著名中国问题专家胡里奥·里奥斯提出，要在西方社会形成对“中国梦”的有效诠释，需要媒体平台与学术领域共同做出努力。在长期的“中国梦”宣传工作中，注重文化与信息的协同传播，重视实际案例的生动设计与灵活运用，促进公司之间、学院机构之间、人与人之间的交流，从而让世界更多理解和认同“中国梦”的内涵。因此，必须重视“中国梦”的宣传，通过多种途径和方式形成对“中国梦”的有效诠释。[②]

第二，研究跨文化交流，树立良好的国际形象。有外国专家指出，树立良好的国际形象是赢得他国支持、创造良好发展环境的必

① 日媒：中国梦不是崛起是复兴［EB/OL］.（2013－02－12）［2018－10－23］. http：//news. xinhuanet. com/cankao/2013－02/07/c_ 132157337. htm.

② 胡里奥·里奥斯. “中国梦”不是遥不可及的乌托邦［EB/OL］.（2013－11－06）［2018－10－23］. http：//ihl. cankaoxiaoxi. com/2013/1106/297488. shtml.

要条件。因此，我们需要对中国做出的世界贡献用国际通用且易于接受的方式加以宣传，树立中国的正面形象。① 传播"中国梦"，树立中国的良好形象，就需要深入研究跨文化交流的问题，对"中国梦"在他国文化中存在的障碍、偏见、成见进行深入细致的分析。在此基础上，推进不同文化互补的研究，研究国外的文化状态，研究国外汉学的转换，研究中外不同的文化背景，更好地促进"中国梦"的传播。②

第三，做好实现"中国梦"面临挑战的应对工作。首先，要关注民生。衣食住行等生活琐事对全球所有人来说都是不可或缺的，中国要重视改善民生，解决环保领域、生活品质、公共卫生和儿童健康等现实问题，打牢圆梦的民生基础，实现经济社会人类可持续发展。③ 其次，要吸引人才。对比美、日两个发达国家的发展经验与教训，英国议员韦鸣恩总结到，吸引优秀外来人才、破解人口老龄化是实现"中国梦"的基本措施。因为这将能够充分利用中国丰富的人力资源，同时调动海外有卓越成就和巨大影响力的华人赴华创业，使得"中国梦"更具持续性。④ 最后，要提升软实力。当前，中国在贸易投资、工业品产量、GDP 等硬实力指标上已超过大多数国家。而在文化与价值观等软实力方面，与西方发达国家存在巨大差

---

① 张梦颖. 极富全球吸引力的中国观念［N］. 中国社会科学报，2013－11－06 (A04).

② 谢尔盖·卢贾宁. 海外专家畅谈"中国梦"［EB/OL］.（2013－11－08）［2018－10－23］. http://www. qstheory. cn/gj/gjgc/201311/t20131108_288799. htm.

③ "中国梦"吸引全球媒体目光［EB/OL］.（2013－04－03）［2018－10－23］. http://news. xinhuanet. com/newmedia/2013－04/03/c_124538932. htm.

④ 张梦颖. 极富全球吸引力的中国观念［N］. 中国社会科学报，2013－11－06 (A04).

距。因此，中国政府可以采取国际会议和商业交流的形式，以外国人喜闻乐见的语言和方式，将富有启迪意义的中国家庭观、生态观、价值观等理念进行同义转换和精神传输，提升中国的软实力，让“中国梦”获得最广泛的异域社会的认同。①

总的来看，国外学者对“中国梦”的认识，无论是理解“中国梦”内涵时的主观与客观，还是评价“中国梦”时的一致与分歧，抑或是对中国如何实现“中国梦”的献策，在一定程度上反映了国际社会对待“中国梦”的态度。但是，在他们的研究中仍然存在着几个不能也不应被忽视的突出问题。主要体现在以下三个方面：

第一，过度关注“中国梦”的现实性，忽视其价值导向。以个别案例来扼杀“中国梦”的价值导向，无法跳出所谓现实恶性循环的困境。斯蒂娜·拉尔森在美国《外交政策》发表《中国梦的终结》一文，列举在中国出现的个别“官二代”“富二代”炫富、炫权的案例，说明当代中国人情关系与身份资源的重要性，并强调底层的个人无法再通过不懈努力来改变自己的命运。这导致的结果就是中国人梦想的丧失，因为无论如何努力也改变不了平凡的命运，梦想无法变成现实。②

第二，刻意将“中国梦”与“美国梦”简单对立，忽视二者相通之处。大多数国外的学者研究“中国梦”的基本出发点是更好地制定本国对中国的外交策略，更多偏重的是中国对本国的影响。因而，先天地将中国置于美国的对立面来研究问题。美国《外交政策》

① FORD P. Decoding Xi Jinping's ‘China Dream’ [J]. The Christian Science Monitor, July 26, 2013.

② FRIEDMAN T L. China needs its own dream [J]. The New York Times, 2012: 2.

刊发的一篇文章就明确指出，"中国梦"与"美国梦"共同对世界前景构成影响，二者的相互作用将会给世界带来噩梦。这种看法从一开始就刻意把"中国梦"与"美国梦"对立起来，认为"中国梦"的盛行就会造成"美国梦"的幻灭。同时，作者还指出美国要强化对"美国梦"的宣传，扩大"美国梦"的辐射范围，抵消"中国梦"对美国乃至世界的消极影响。①

第三，片面主观理解"中国梦"，忽视中国历史和现实。西方学者总是从自己的视角来对待"中国梦"，这种先入为主的理解不可避免地带有片面性。其特点就是忽略中国的历史与现实探讨中国问题成为一种惯性思维。比如《经济学家》的一篇文章认为，一个国家类似个人，应有自身的梦想，但这个梦想应与"美国梦"类似，由电影导演与作家定义而非由领导人和政党界定。进而指出，中国人的梦想历来特定的存在，与国家繁荣富强梦并不相符。②

第三节　研究方法与研究思路

一、研究方法

（一）辩证唯物主义和历史唯物主义的研究方法

本书贯穿着强烈的问题意识、鲜明的问题导向。这是本书最基本

① RUBIO M. Do Two Dreams Equal a Nightmare? Why Xi Jinping's vision of a future China cannot coexist with the American Dream [J]. Foreign Policy，2013：7.

② LEWIS L. The Chinese Dream won't go back to sleep [J]. The Times，April 24，2012：4.

的研究方法，贯穿全文始终。增强问题意识、坚持问题导向是马克思主义认识论与辩证法的集中体现。无论是实现民族复兴“中国梦”还是推进马克思主义中国化，这都是认识问题、解决问题的根本方法。本书以问题导向为研究准则，研究“中国梦”对马克思主义中国化的贡献。

（二）文献分析的研究方法

本书将马克思主义经典作家相关著作中关于“中国梦”的论述以及国内外研究者的已有成果进行梳理，结合习总书记提出“中国梦”以来的最新研究现状，在对现有研究成果查阅、分析、整理的基础上，提炼出“中国梦”对马克思主义中国化的贡献。

（三）理论与实践相结合的方法

理论来源于实践，对实践又具有指导性。“中国梦”发端于“天朝上国梦”的破碎，形成于伟大民族复兴征程的探索。同时，作为国家、民族、个人梦想的统一体，只有奋斗与实干才能顺利实现“中国梦”。对“中国梦”的研究，除了研究已有的学术资料，还需要实地考察，来确证理论的正确性；同时需要深入基层宣传，践行中国精神，以此来凝聚中国力量，最终为“中国梦”的顺利实现贡献自己的力量。

（四）历史研究与比较研究相结合的方法

“中国梦”深深扎根于中国的历史，埋藏在一代又一代的中华儿女心中，既是前人孜孜以求的传统，也是后人矻矻以寻的梦想。如果不以中国历史为考量依据，在此基础上进行历史溯源，就无法形成对“中国梦”内涵的深刻认识，更无法对“中国梦”意义进一步挖掘。同时，要形成对“中国梦”立体的认识，还需要进行比较研究，没有与已经成熟起来的“美国梦”“欧洲梦”的比较，我们就无法知晓"中国梦"的个体特色与一般价值，也无法拓宽"中国梦"的国际视野，进而找寻到我们国家选择不同发展道路的合理依据。因此，我们将横向的历史研究与纵向的比较研究相结合，力求避免纯粹的历史描述和单纯的比较衬托，实现理论层面的提炼和深化。

二、研究思路

本书的研究思路主要分为导论、正文、结语三部分。第一部分是导论，主要对国内外学术界现有的研究成果进行综述，通过整理与归纳确定本书的研究对象，指出"贡献"是"中国梦"研究的新镜像。第二部分主要探讨"中国梦"对马克思主义中国化有何贡献。本部分内容包括第一、二、三、四、五篇，从认识—形态向度—中国向度—世界向度—实践的写作框架出发，分别阐明"新形态""新境界""新视野""新路径"等四大贡献。第一篇分为两章，讲清"中国梦"的内涵意蕴，厘清"中国梦"的历史逻辑，这是准确把握"中国梦"的前提。第二篇分为两章，从"实践形态"讲清"中国梦"对马克思主义中国化的贡献，"中国梦"统领马克思主义中国化的实践形态，提升马克思主义中国化的理论形态。第三篇分为两章，从"中国向度"讲清"中国梦"对马克思主义中国化的贡献，"中国梦"是在坚持马克思主义立场、观点、方法的基础上，形成了把马克思主义基本原理同当代中国实际相结合的理论结晶。第四篇分为两章，通过比较"中国梦"与"美国梦""欧洲梦"，从"世界向度"讲清"中国梦"拓宽了马克思主义中国化的国际视野。第五篇分为两章，讲清"中国梦"的圆梦实践，包括实现考量与实现途径，这是坚持和发展中国特色社会主义的现实举措。第三部分，得出本研究的主要结论，并展望未来"中国梦"研究的理论空间。具体思路，如图 1—2 所示：

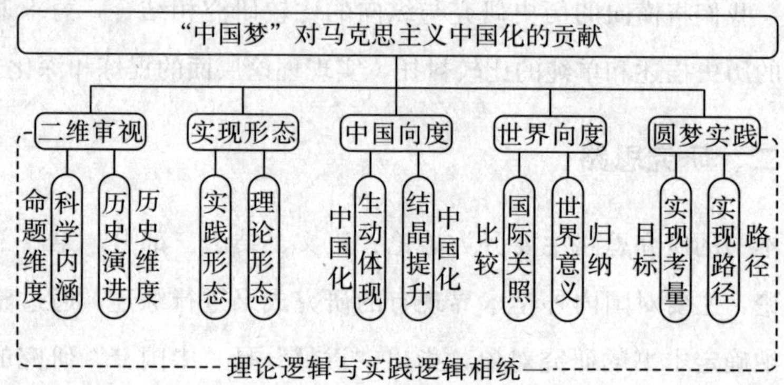

图 1—2　"'中国梦'对马克思主义中国化的贡献"的研究技术路线图

第四节　研究重难点、可能的创新点

一、研究重点

"中国梦"与马克思主义中国化是近代以来孕育在中华民族发展史中的两大主题。国情和民情交汇于深远的历史，如何让东方之狮奔腾前进，就是"中国梦"对马克思主义中国化的贡献，即本书的研究重点体现在何处。具体说来，就是要搞清楚："中国梦"如何形塑马克思主义中国化的新形态，如何开辟马克思主义中国化新境界，如何拓宽马克思主义中国化的新视野。

二、研究难点

由于与“中国梦”主题相关的资料非常多，如何甄选出有价值的支撑材料比较困难。这就使本题的研究有两大难点：第一，如何从学理层面上科学概括、提炼出“中国梦”对马克思主义中国化的贡献；第二，进行“中国梦”与“美国梦”“欧洲梦”比较时，如何客观地深入分析和清楚表达“中国梦”与二者的共性和区别。

三、可能的创新点

笔者认为，本书可能的创新点有如下两个方面：第一，框架新。本书构建了“理论—认识—中国—世界—实践”的分析框架，尝试从科学内涵、实现形态、中国向度、世界向度、圆梦实践探讨“中国梦”对马克思主义中国化的贡献。第二，观点新。目前，学界对“中国梦”的研究比较多，但对“中国梦”与马克思主义中国化有何关系做出的理论探讨少，尤其是尚未有学者从“贡献”这一视角进行观察。笔者期望能做出有益探讨。

第一篇　“中国梦”的二维审视

我们的民族是伟大的民族。在五千多年的文明发展历程中，中华民族为人类文明进步作出了不可磨灭的贡献。近代以后，我们的民族历经磨难，中华民族到了最危险的时候。自那时以来，为了实现中华民族伟大复兴，无数仁人志士奋起抗争，但一次又一次地失败了。中国共产党成立后，团结带领人民前仆后继、顽强奋斗，把贫穷落后的旧中国变成日益走向繁荣富强的新中国，中华民族伟大复兴展现出前所未有的光明前景。我们的责任，就是要团结带领全党全国各族人民，接过历史的接力棒，继续为实现中华民族伟大复兴而努力奋斗，使中华民族更加坚强有力地自立于世界民族之林，为人类作出新的更大的贡献。[①]

——习近平

---

① 中共中央文献研究室．习近平关于实现中华民族伟大复兴的中国梦论述摘编[M]．北京：中央文献出版社，2013：3.

“中国梦”与中国近现代史相伴而生，其内涵随历史演进具有动态性。对“中国梦”内涵的科学界定是本书展开研究的基本前提。本篇将“中国梦”置于坐标轴之中，理解其纵向和横向两个维度。从横向维度来看，“中国梦”的内涵意蕴与基本特征构成正确理解“中国梦”科学内涵的基础。从纵向维度来看，先进的中国人在追逐“中国梦”的历史进程中，历经“器物—制度—思想”的学习主题转换。其中，地主阶级开明人士、洋务派、农民阶级、资产阶级依次作为探索主体，梦想均破灭。中国共产党成立以后，依靠无产阶级和广大人民群众，以马克思主义为指导，明确提出“实现中华民族伟大复兴的梦想”，并为实现这个梦想艰苦不懈地奋斗。

第一章　“中国梦”的科学内涵

当前，中华文明处在与世界文明交汇的重大临界点，因而，探讨“中国梦”的科学内涵至关重要。“中国梦”的科学内涵既有内涵意蕴也有外延指向，二者统一于对“中国梦”科学内涵的正确把握。内涵意蕴揭示了“中国梦”科学内涵的基本规定，区别了“中国梦”为何异于其他梦想；外延指向则反映了“中国梦”的基本特征，凸显了梦想的目标指向与实现规定。总之，内涵意蕴是基本特征的本质表达，基本特征是内涵意蕴的外在表现，二者相互依赖、不可分割，统一于科学内涵，使科学内涵更为具体、完整。

一、“中国梦”的内涵意蕴

“中国梦”之所以一经提出就引起广泛探讨以及众多解读，就是因为其具有十分丰富的内涵，只有对其内涵意蕴进行辨识，才能厘清宣传解读“中国梦”过程中对其内涵的误读。“中国梦”的本质内涵、基本内涵、国际内涵三部分有机统一于“中国梦”的内涵意蕴，分别从本质、内核、外延三个层面讲清楚了“中国梦是什么”。

（一）本质内涵

实现中华民族的伟大复兴是“中国梦”的本质内涵。2012 年 11 月 29 日习近平总书记参观《复兴之路》时，谈道：“现在，大家都在讨论中国梦，我以为，实现中华民族伟大复兴，就是中华民族近代以来最伟大的梦想。”① 其后，习总书记从多个维度、多个层次阐发“中国梦”，都是紧紧围绕着“中华民族伟大复兴”这一主题。

中国是一个历史文化悠久的大国，中华民族创造的古代东方文明以其独特魅力和精神旨归为世界文明作出重大贡献。然而，当统治者仍沉浸于“上国梦”之时，西方列强的坚船利炮与资本主义生产方式一道强行叩开中国的大门。但中华民族是一个伟大的民族，绝不会饱受欺凌而无动于衷，与屈辱感伴生的是民族意识的觉醒，无数仁人志士上下求索，以图复兴昔日之荣光。“民族复兴”准确而突出反映了自近代以来华夏儿女对改变家国命运的不懈追求，更彰显着现代化发展与和平崛起的美好愿景。“中国梦”既有强烈的历史厚重感，又有鲜明的时代责任感，成为指引全民族艰苦奋斗的精神旗帜。

（二）基本内涵

“中国梦”的基本内涵是国家富强、民族振兴、人民幸福。习近平总书记在《顺应时代前进潮流，促进世界和平发展》的主题演讲中，谈到“中国梦”的基本内涵是实现国家富强、民族振兴、人民幸福②。这无疑是从宏观、中观、微观三个不同层面对“中国梦”的基本内容作出具体阐释，使“中国梦”真切而具体。

国家富强是实现“中国梦”的前提。一个富强的国家能够为改

---

① 中共中央文献研究室．习近平关于实现中华民族伟大复兴的中国梦论述摘编[M]．北京：中央文献出版社，2013：3.

② 中共中央文献研究室．习近平关于实现中华民族伟大复兴的中国梦论述摘编[M]．北京：中央文献出版社，2013：5.

革和发展创造良好的国内环境，开创良好的国际局面，为民族屹立于世界民族之林提供坚实的物质基础和无尽的精神源泉，为人民的幸福安康和自信尊严提供信心之基和动力之源。国家富强，就是要如期实现“两个一百年”目标，即在建党一百周年之际全面建成小康社会，在中华人民共和国成立一百周年之际达到中等发达国家的现代化水平。因此，我们不能有动摇与懈怠之心，更不能争论或折腾，而要顽强奋斗、艰苦奋斗、不懈奋斗，坚持“以经济建设为中心”的基本路线不动摇，努力为国家的富强提供坚实的物质基础。

民族振兴是实现“中国梦”的核心。民族振兴为国家富强、人民幸福凝心聚气，引领改革与发展并指明方向。中华文明历经五千年而没有中断，历史的辉煌、文化的积淀、现实的反思，让我们明白民族的振兴不是要找回昔日的辉煌，也不是追求称霸世界，而是在和平发展基础上的文明振兴，让中华文明为世界现代文明作出应有的贡献。中华民族有实力在经济、政治、文化、社会、生态发展等方面作出表率，为其他国家提供非西方国家发展模式的可能性借鉴。中华民族的振兴也不会阻碍其他民族的发展，相反会给予更多支持。

人民幸福是实现“中国梦”的落脚点。人民群众是国家富强的实践主体，是民族振兴的基础保障，为改革发展提供物质动力。“中国梦归根到底是人民的梦，必须紧紧依靠人民来实现，必须不断为人民造福。”[①] 改革开放41年来，人民的生活大有改善。人民幸福虽然是一个抽象的概念，但是可以从物质财富、精神满足、个人发展

① 习近平．在第十二届全国人民代表大会第一次会议上的讲话［M］．北京：人民出版社，2013：5.

等方面衡量。要实现人民幸福，就要维护社会公平正义、倾听人民利益诉求、促进人民共同富裕，让人民真正共同享有人生出彩、梦想成真、同祖国和时代一起成长与进步的机会。这样，人民才能过上物质充裕、精神富足、尊严体面、自由而全面发展的生活。

（三）国际内涵

“中国梦”的国际内涵是和平发展、合作共享、和谐包容，与世界各国结成命运共同体。2013 年，习近平总书记在同奥巴马总统共同会见记者时强调，“中国梦要实现国家富强、民族复兴、人民幸福，是和平、发展、合作、共赢的梦，与包括美国梦在内的世界各国人民的美好梦想相通”①。这种息息相通缘于国家富强、人民幸福是各国的目标，也是人类共同的价值观。然而，世界各国国情不同、发展模式不同、发展道路不同。正如习近平总书记所言，万物并育而不相害，道并行而不相悖。在一个主体多元化、联系密切化、趋势一体化的世界，想要实现梦想就必须兼顾他国的正当关切。“中国梦”就是倡导逐梦过程中，要坚持和平、发展、合作、共赢，走和平发展、互利共赢的道路，作为一个贡献者同世界各国结成一个命运共同体，形成共同发展、共同进步、共同幸福的良好局面。

“中国梦”是和平发展梦。中国 41 年的改革开放之所以能取得巨大成就，很大程度上归功于有一个和平稳定的外部环境，通过“中国梦”来向世界传达，中国是凭借和平发展之路走上复兴大道的。“中国梦”是和平发展之梦，呼吁要对话而不要对抗、要和平而不要冲突、要发展而不要倒退，这顺应了世界各国人民谋求幸福的

---

① 杜尚泽．习近平同奥巴马总统共同会见记者［N］．人民日报，2013－06－09（001）．

美好期盼与共同心愿。在圆梦的历史征程中，中国将继续与各国一道维护世界的持久和平、促进共同繁荣，为人类可持续发展贡献力量。

“中国梦”是合作共享梦。生活在同一个时空里，经济全球化形成了“你中有我，我中有你”的局面。中国的发展离不开世界，世界的繁荣也需要中国。“中国梦”建构了一幅合作共赢、共享共担的美好图景，鼓励各国在不牺牲别国利益前提下寻求自身发展，在发展中互相合作，共同面对时代困境，一起破解发展难题。同时，主张各国坚持正确的义利观，能够顾大义而轻私利，能顾及他国的正当利益诉求并进行合理关切，最后形成一个“有合作、能贡献”的美好局面。

“中国梦”是和谐包容梦。中国鼓励世界各国无论大小、强弱、贫富，都应互相尊重，互相理解，和谐发展，承认各国发展前的差异性、发展时的多样性、发展后的不平衡性，在求同存异中和谐共生。作为一个负责任大国，中国提出包容性发展理念，勇于承担责任，乐于创造条件与各国一道在时代大潮中共同发展。

二、“中国梦”的基本特征

理解“中国梦”的科学内涵，除了要搞清楚它的内涵，还要弄明白它的外延。“中国梦”的基本特征就是其科学内涵基本内核的外在表现，凸显出梦想的目标指向与实现规定。

（一）科学性与包容性的统一

“中国梦”体现了科学性与包容性的统一。“中国梦”的科学性体现在其高举中国特色社会主义伟大旗帜，具体而言，要做到三个坚持：在圆梦途径方面，要毫不动摇地坚持走中国特色社会主义道路；在圆梦指南方面，要旗帜鲜明地坚持以中国特色社会主义理论体系为引领；在圆梦保障方面，要态度决绝地坚持以中国特色社会主义制度为行动基线。此三方面交互作用于中国特色社会主义伟大实践，并在这一进程中不断与科学社会主义基本原则渐进融合，使中国特色进一步彰显。

"中国梦"的包容性主要体现在利益主体、精神弘扬、理念传播三个方面。从利益主体来看，"中国梦"把世界、国家、民族、个人紧密联系在一起，把和谐、富强、振兴、幸福四个不同维度的目标凝聚起来，把四大主体的利益纳入追求共同梦想的范畴之下，凝聚和团结了最广泛的力量，形成了有利于实现中华民族伟大复兴的历史合力，具有很强的包容性。从精神弘扬来看，民族精神和时代精神是实现"中国梦"不可或缺的精神力量，因为爱国主义和改革创新二者内在地包含于社会主义核心价值体系之中，构成了中国特色社会主义文化的重要部分，从而体现了"中国梦"的包容性。从理念传播来看，"中国梦"主张包容性发展，不因国家强弱、贫富的差异而不尊重其发展模式、现代化道路的多样，提倡"万物并育而不相害，道并行而不相悖"。

"中国梦"的科学性规定着其包容性，包容性彰显着其科学性，二者是统一的。不能因"中国梦"有包容性而将其泛化包罗万象，也不能因"中国梦"有科学性而将其约束抽象规定。

（二）时代性与实践性的统一

"中国梦"体现了时代性与实践性的统一。"中国梦"的时代性体现在其是一定时代的产物。中华民族伟大复兴的主题贯穿于近代以来的历史，每个阶段的探索都带有每个时代明显的特征。当今时代的主题是和平与发展，“中国梦”也体现着这一时代特征，在和平、发展、合作、共赢的时代潮流中，实现国家富强、民族复兴、人民幸福，推动世界多极化和经济全球化顺利进行，在综合国力的角逐中占据有利位置，承担相应的责任，让生活在伟大时代的中国人民共同享有人生出彩、梦想成真、同时代和祖国一起成长的机会。

“中国梦”的实践性体现在任何梦想的实现都不能离开现实的实践活动。只有在真抓实干中，人们才能认识世界和改造世界，进而把梦想变为现实。习近平指出，实现“中国梦”必须“坚持中国道路、弘扬中国精神、凝聚中国力量”[①]。道路无不是在实践中走出来的，精神也是在实践中得以弘扬，力量也是在实践中得以凝聚，这是一个双向的过程。“中国梦”指向当代中国，投身于中国特色社会主义伟大实践就必须沿着业已成型的中国特色社会主义道路，弘扬伟大的民族精神和时代精神，凝聚全社会的智慧和力量，促使每个中国人为实现梦想艰苦奋斗、不懈奋斗。

“中国梦”既是时代的一般产物又是实践的最终产物。只有具有时代性，顺应时代潮流，实践才是合规律性和目的性的。同时也只有在实践中，一切时代的产物才能真正产生并体现着时代特色。

（三）民族性与世界性的统一

“中国梦”体现着民族性和世界性的统一。“中国梦”的民族性体现在，它是整个中华民族的梦，囊括了13亿中国人，具有强烈的民族特征，显现出鲜明的中国特色。“中国梦”把个人幸福与国家富

---

① 习近平. 在庆祝“五一”国际劳动节暨表彰全国劳动模范和先进工作者大会上的讲话［M］. 北京：人民出版社，2015：4.

强结合起来凝聚到民族伟大复兴的共同愿景之下。“中国梦”是一个系统的、庞大的工程，在中国共产党的领导下，依靠13亿中国人，涉及政治、经济、文化、生态等领域，体现出领导强、人口多、地域广、领域宽的特点。

“中国梦”具有世界性。“中国梦”的世界性在于身处一个全球化的时代，作为世界民族之林的一员，中华民族不可能独善其身。因而，“中国梦”不仅具有民族特色，还具有世界意义。在世界近代史上，大国崛起往往伴随着“侵略式”的对外扩张，把自己的辉煌与荣耀建立在其他民族的痛苦与耻辱之上。要避免中华民族的复兴不使其他民族陷入“中国崛起危害自身利益”的幻觉，就必须寻找与世界的利益契合点，发展自身时兼顾其他民族的正当利益，尊重世界文明的多样性，提倡包容性发展理念，建设命运共同体，增进人类福祉。

“中国梦”坚持科学社会主义原则，顺应时代潮流，符合中国国情，具有鲜明的中国特色；同时“中国梦”体现了人类社会发展规律，为世界大同提供了更多发展道路的可能性。

（四）连续性与阶段性的统一

“中国梦”体现着连续性与阶段性的统一。“中国梦”的连续性在于古代中华文明博大精深且历史没有中断，并为世界文明进步作出重大贡献。进入近代，在西方工业文明的野蛮冲击之下，中华民族饱受耻辱与磨难。民族复兴的梦想自此孕育，一代代优秀中华儿女为此奋力求索。因而，理解“中国梦”不能离开五千年的中华文明史，也不能脱离170多年的中国近现代奋斗史。

“中国梦”的阶段性体现在“中国梦”是一个系统的工程，它的推进与时代发展、现实基础、理论指引密切相关，不可能一蹴而就。因而，必须结合时代发展的阶段特征，来实现该阶段的目标。

“中国梦”的历史渊源决定了“中国梦”是一个接续奋斗的过程，具有连续性；而“中国梦”的系统性又决定了要将“中国梦”分解为一个个具体的目标分阶段实现。只有这样，才能把握抽象的理想指引与具体的现实基础的统一。在追逐中华民族伟大复兴“中国梦”的时候，注意连续性与阶段性的统一，就是要正确处理全面建成小康社会、“两个一百年”目标、中华民族伟大复兴的关系。

第二章 “中国梦”的历史演进

中华民族历来就是一个有梦想、有追求的民族。上下五千年中华文明史，就是一部不断追梦和圆梦的历史。作为我国近代以来最伟大的梦想，“中国梦”植根于中华民族的悠久历史，与中国的现代化进程相伴相生，汲取了中华民族一切优秀成果的精华。搞清楚“中国梦”的历史源头和演进历程，是准确理解“中国梦”的前提。

“中国梦”一词最早出现于宋末诗人郑思肖“一心中国梦，万古下泉诗”的诗句中，其旨在表达：期盼南宋王室收复北方，统一祖国的愿望。中国自近代沦为半殖民地半封建社会之后，经过早期探索与接力探索，至习总书记提出，“中国梦”已成为国家发展战略具体描述的代名词，展现的是中华民族实现文明复兴的伟大梦想。

一、“中国梦”的早期探索

“中国梦”的早期探索主要集中在先进的知识分子对于“中国梦”的追逐，其间历经“器物—制度—思想”的学习主题转换，“觉醒—自发—自觉”的反抗观念转变。但是，作为探索主体的地主阶级开明人士与洋务派、农民阶级、资产阶级的探索均以梦想破灭而告终。

（一）“器物”层面的探索

自鸦片战争，西方列强用坚船利炮打开国门之后，中华民族从

“天朝上国”的迷梦中醒来，开始了对“中国梦”的追寻。这一时期的探索主要是在“器物”层面向西方学习。“器物”主要是指西方的先进科学技术。其实质就是实业救国，意图通过先进科学技术的学习达到救中国的目的。

以林则徐、魏源等先进知识分子为代表追求的“富国强兵梦”。作为睁眼看世界的第一人，林则徐委托魏源编书介绍西方各国的历史、地理、人文、语言、文化、军事等情况，遂著成《海国图志》。书中体现出一个重要思想——师夷长技以制夷，他们希望通过学习西方，达到富国强兵。但他们的梦想在清政府的腐败无能与西方的坚船利炮中破灭了。

地主阶级开明人士与洋务派追寻的“自强求富梦”。两次鸦片战争让以曾国藩、李鸿章、左宗棠、张之洞等为代表的洋务派认识到，“天朝上国”之所以沦落到挨打的地位，根本原因在于没有先进的科学技术与强大的工业。所以要在“中体西用”的基础上，学习西方兴办近代工业、编练海军、兴建实业企业，实现“自强求富”的梦想。然而，甲午海战的战败，让洋务派的救亡图存梦想与北洋舰队同沉海底，中国被迫处于“五千年未见之变局”。

农民阶级追寻的“太平天国梦”。太平天国运动是中国农民阶级反对地主阶级、渴望美好社会的梦想的集中体现。太平天国颁布的《天朝田亩制度》与《资政新篇》，前者给农民描绘了一幅“土地均分、吃穿住用行有保障”的理想图景；后者力图学习西方，通过政治、经济、文化实现社会变革。值得颂扬的是太平天国抓住了农民渴望拥有土地的梦想，对清王朝给予了沉重打击，阻滞了帝国主义瓜分中国的进程，使中国人民受到巨大的鼓舞。但由于自身小农意识的局限、清王朝统治者与西方帝国主义的联合绞杀，太平天国运动被镇压了，农民阶级耕者有其田的“太平天国梦”也破碎了。

（二）“制度”层面的探索

洋务派的“自强求富梦”碎于甲午海战后，越来越多的有志之士认识到，中国与西方列强的差距不在实业方面而在于政治制度。于是，有志之士开始致力于学习西方成熟的政治制度，以救亡图存为己任。

以康有为、梁启超为代表的资产阶级维新派深知模仿西方发展实业谋求自强之路走不通，遂设想政治制度层面的改革。通过“维新变法”力图在政治上建立英国式的君主立宪制，经济上发展民族资本主义，文化上学习西方，尝试变革社会制度。但在强大的封建顽固势力面前，未掌实权的君主只能是思想上的支持，政治改良梦以康、梁逃亡日本，六君子命丧菜市口而破灭。戊戌变法虽然失败了，但是给近代中国带来一次巨大的思想解放。

鉴于一批批仁人志士追求梦想而不可得，总结经验和教训，以孙中山为代表的资产阶级革命派喊出“振兴中华”的口号，决心以革命的手段推翻清朝的统治。1894 年 11 月创立第一个革命团体兴中会，誓要“驱除鞑虏，恢复中国，创立合众政府”[①]。1895 年策划广州武装起义，起义失败后流亡海外从事反清革命运动。1905 年 11 月创建近代中国第一个领导资产阶级革命的全国性政党——同盟会，提出“三民主义”，明确提出推翻封建君主专制，建立民主共和国，实现民族独立、民主自由、民生幸福的理想，这就是“民主共和

① 孙中山．孙中山全集（第 1 卷）[M]．北京：中华书局，2011：88.

梦”。在广泛联合革命力量、多次发动武装起义的革命行动支撑下，两千多年的封建帝制被终结，中华民国建立，一个新的时代来临。然而，由于资产阶级的软弱性与妥协性、帝国主义的反动性，革命的胜利果实被窃取，“民主共和梦”抱憾而失。随后，中国陷入军阀混战的时期。孙中山先生为挽救共和不懈努力，先后发动反袁的“二次革命”和护法运动虽然都以失败告终，但这种为了民主革命、改造中国的不屈不挠精神不应被忘却，辛亥革命在中华民族伟大复兴中的重大意义也不容忽视。

综而述之，先进的知识分子对梦想的追逐是在黑暗中摸索，前进的途中伴随着封建生产方式的桎梏与帝国主义列强的压迫，内外交织的复杂矛盾对实现“中国梦”带来了严峻挑战。无论是地主阶级中的开明人士，抑或是改革的洋务派，他们所追求梦想的背后，是对落后的封建生产方式的坚持，其内部的腐朽也决定了他们只能沦为实现“中国梦”的藩篱，而非领导力量。农民在当时占绝大多数，是实现民族复兴的主体力量，但是自身的局限使得他们难以承担起带领中华民族走向复兴的重任，无法找寻到实现梦想的道路。资产阶级维新派幻想的改良与资产阶级革命派的革命手段，都是效法欧美的实践，对满目疮痍的中国虽然造成了巨大的冲击与震撼，但是历史无以复加地证明了资本主义道路在中国是行不通的，资本主义无法实现中华民族的梦想。

二、“中国梦”的接力探索

历史雄辩地证明，“器物”层面与“制度”层面的探索，包括自强运动、改良主义、旧式农民战争、资产阶级革命派领导的革命等种种手段，最后都以梦碎而终。不过，这为“中国梦”的清晰展现、为后人更好地追求梦想提供了宝贵的经验与充足的动力。共产党人正是在此基础之上，继续“中国梦”的追求进程；同时，在接力探索中，先后以俄为师、独立自主地探寻适合自身发展的正确道路。这一时期，主要以“思想层面”的学习为主，确立了马克思主义的指导地位。在回答“中国走向何处”的时代命题时，为建成现代化的中国、实现民族复兴，共产党人在不同发展阶段作出相应的战略构想与目标设想。

（一）早期共产党人的探索

在学习西方而不可得之后，先进的中国知识分子进行了艰辛的探索。在以廓清蒙昧、启发理智为指引的新文化运动中涌现出了李大钊、陈独秀等先进知识分子。他们在俄国十月革命胜利的指引下，看到了中国光明的前景。李大钊率先在中国大地上举起马克思主义旗帜，翻译、撰写文章宣传马克思主义，并把其作为救国救民的思想武器，他指出，未来的环球“必是赤旗的世界”①。五四运动后，马克思主义在知识界得到广泛传播，陈独秀、毛泽东、董必武等人成为早期信仰马克思主义的代表人物。中国共产党创建后，研究和宣传马克思主义并到工人中进行组织和宣传工作，使工人阶级有了坚强的领导核心，能够实现“中华国家之再造，中华民族之复活”②。这样中国人有了一个正确的目标和方向，开始了新的探索和实践。

（二）以毛泽东为代表的共产党人的探索

以毛泽东为代表的共产党人，正确回答了“什么是马克思主义，

① 中国李大钊研究会．李大钊文集（第2卷）［M］．北京：人民出版社，1999：246．

② 中国李大钊研究会．李大钊文集（第2卷）［M］．北京：人民出版社，1999：107．

如何对待马克思主义”的时代命题，认为不应对马克思主义作出僵化的理解和教条式的运用。在半殖民地半封建的中国大地上，共产党成功探索出一条把马克思列宁主义与中国革命实践相结合的道路，历经艰苦卓绝的新民主主义革命建立了中华人民共和国，宣告了中华民族的独立和全国人民的解放，进而，通过“三大改造”，最终确立了社会主义基本制度。这是中国共产党领导和带领全国各族人民进行社会主义现代化建设的基本前提。在对社会主义建设的诠释时，毛泽东同志曾明确指出，建设社会主义，要从原来的工业、农业、科学文化三个方面的现代化增加到工业、农业、科学文化、国防四个方面的现代化。[①]“四个现代化”思想强调要改变过去100多年落后的状况，中国应当对人类有较大的贡献。后来，周恩来在三届全国人大一次会议上，对实现“四个现代化”做了“两步走”的战略构想：一是，大约经过三个五年计划的时间，逐步在我国建立起相对完善的工业体系和独立的国民经济体系；二是，到20世纪末期，农业、工业、国防、科技等方面基本实现现代化，从而使我国综合实力在世界排名靠前。然而，探索之路并非一帆风顺。“大跃进”和“文化大革命”偏离了把马克思主义与中国实际第二次结合的大道，减缓了中国实现现代化的速度。总之，以毛泽东为代表的共产党人的探索，无论是成功经验还是失误教训，均是秉持对人民、对历史负责的有益总结，成为中国特色社会主义道路得以开辟的宝贵财富。

（三）改革开放以来中国共产党人的探索

1978年实行改革开放以来，中国共产党人对“中国梦”进行了

---

① 中共中央文献研究室．毛泽东文集（第8卷）［M］．北京：人民出版社，1999：116.

承续第一代领导人思想的探索。在对当时中国面临的重大问题有深刻认识的基础上，围绕社会主义、党的建设和发展问题展开了讨论，对社会主义的本质、如何建设社会主义、党的建设目标以及如何建设、发展的目标和方式进行了全面而翔实的阐释，最终将中国特色社会主义事业顺利推向21世纪，并在新的历史起点上继续坚持和发展。①

在这一时期，党的领导人对现代化有了更为清晰的认识，制定的战略目标和战略步骤更为科学，充分认识到社会主义现代化的艰巨性与长期性。邓小平提出我们要实现的“四个现代化”不是发达国家那样的现代化概念，而是达到“小康社会”即“中国式的现代化”。江泽民在党的十六大报告中指出，全面建设惠及十几亿人口的更高水平的小康社会②。胡锦涛在党的十七大报告中强调“全面建成小康社会”并在十八大报告中加以阐释。共产党从“温饱—总体小康—全面小康—基本实现现代化”，描绘了我国现代化目标的宏伟蓝图。关于如何如期实现这一战略，邓小平同志高屋建瓴地提出了“三步走”战略：一是，到1980年，GNP实现翻一番的预设目标，人民群众的温饱问题得到基本解决；二是，到20世纪末期，GNP在此基础上再增加一倍，使人民群众的生活水平基本实现小康；三是，到21世纪中期，人均GNP赶上中等发达国家标准，人民群众的生活水平相对富足，经济社会生活各领域基本实现初步现代化。

---

① 胡锦涛．坚定不移沿着中国特色社会主义道路前进　为全面建成小康社会而奋斗——在中国共产党第十八次全国代表大会上的报告［M］．北京：人民出版社，2012：12.

② 江泽民．江泽民文选（第3卷）［M］．北京：人民出版社，2006：543.

然后，在这个基础上继续前进。[①] 进入21世纪，前两步都完成了，如何走好第三步，规划约在五十年内把这一现代化目标由理想变为现实。在中国共产党第十五次全国代表大会的报告中，江泽民同志与时俱进地提出了“新三步走”的设想，即是在2010年实现GNP比2000年翻一番，在更为健全的社会主义市场经济体制下使得人民群众的生活更为宽裕富足；到建党一百周年之际，社会制度更加完善，国民经济更为强劲；到中华人民共和国成立一百周年之际，把我国建设成为富强、民主和文明的社会主义现代化国家[②]。同时，江泽民明确提出“实现中华民族伟大复兴”的概念，明确了“中国梦”的主题。新世纪新阶段，胡锦涛在十八大强调，分别在建党和中华人民共和国成立一百周年之际，实现以全面建成小康社会和达到中等发达国家的现代化水平为内容的“双百”目标，为“中国梦”的提出做好了准备。

（四）十八大以来共产党人的探索

十八大后，习近平总书记对“中国梦”进行了探索。他分别从“中国梦”的提出背景、基本内涵、实现途径做了清晰表达，并在随后国内外场合做的15篇讲话对“中国梦”的依靠力量、文化意蕴、价值旨归、世界意义进行了阐释，使“中国梦”成为一个完整而定型的整体，形象化地进入人们的头脑，自觉地凝聚起人心民意。

首先，将民族复兴作为“中国梦”的基点，清晰地指明了民族复兴“中国梦”是近代百年来中华民族的最伟大梦想。习近平总书记参观《复兴之路》展览时谈道：“现在，大家都在讨论中国梦，我

---

① 邓小平．邓小平文选（第3卷）[M]．北京：人民出版社，1993：226.

② 江泽民．江泽民文选（第2卷）[M]．北京：人民出版社，2006：4.

以为，实现中华民族伟大复兴，就是中华民族近代以来最伟大的梦想。”[①] 在国家博物馆这样一个特殊场合，习近平以通俗易懂的语言将中国的历史、现实、未来联结为一体，显示出强大的穿透力，鼓舞后人承接前人的夙愿与奋斗，为实现民族复兴的光辉前景不懈奋斗。

其次，将国家富强、民族振兴、人民幸福概括为“中国梦”的基本内涵，从国家和个人层面明确了“中国梦”的目标指向。习近平总书记在《顺应时代前进潮流，促进世界和平发展》的主题演讲中，讲到“中国梦”的基本内涵是实现国家富强、民族振兴、人民幸福[②]。在随后的拉美三国媒体联合采访时，进一步阐明到2020年和21世纪中叶要达到的奋斗目标，即“两个一百年”奋斗目标。这就详尽地揭示了中华民族的伟大复兴是一项长期而系统的事业，必须通过坚持不懈的努力，才能有步骤、分阶段实现。

最后，将中国道路、中国精神、中国力量作为“中国梦”的路径，科学地指出了“中国梦”的实践路径。习近平在十二届人大一次会议上再次畅谈“中国梦”，并强调实现“中国梦”，必须坚持中国道路、弘扬中国精神、凝聚中国力量。历史经验的正反两面以不可辩驳的事实雄辩地证明了，只有走中国特色社会主义道路才能继往开来，只有弘扬民族精神和时代精神才能凝心聚力，只有凝聚人民的力量才能攻坚克难。

---

① 中共中央文献研究室．习近平关于实现中华民族伟大复兴的中国梦论述摘编[M]．北京：中央文献出版社，2013：3.

② 中共中央文献研究室．习近平关于实现中华民族伟大复兴的中国梦论述摘编[M]．北京：中央文献出版社，2013：5.

言而总之，习近平总书记勇担责任，把握国情民意和时代特征，在总结历史、分析现实、展望未来中，将民族复兴“中国梦”科学、完整地呈现在大众面前，既给予大家充分畅想的空间，也赋予大家热烈探讨的机会，使人民在距离梦想如此近的时机不懈奋斗，面对困难和挫折，能够爬坡过坎、不弃不馁。

纵观 90 多年的共产党人接力奋斗史，他们于“内混战、外侵略”之时挺身而出，经过艰苦而顽强的奋斗，开创出一个崭新中国的伟大局面。在历史发展的不同阶段，各个时期的共产党人对“中国梦”的具体定义、目标解读是不相同的。但可以看到的是，他们的差异只是表现为对重点的不同把握，对基本点的把握则没有丝毫偏颇。他们紧扣实现民族复兴这一主题，把富强的国家、振兴的民族、幸福的人民当作奋斗的目标，深深体现了他们对历史的尊重、对人民的热爱，对“中国梦”的理解不会因宽泛而抓不住本义，也不会因严谨而看不到广义。同时，也给我们两点启示：第一，必须坚持党的领导。没有党的领导，我们就无法独立自主，更不用谈自强，最终会“挨打”。第二，必须坚持马克思主义同中国具体实际的结合。没有科学的世界观和方法论与客观实际相结合，我们就无法实事求是，更不用谈超越，最终会“挨骂”。没有自强和超越，中国为世界作出更大贡献的梦想是不可能实现的。

本篇小结

本篇着重审视了“中国梦”的历史演进和科学内涵，发现二者之间既有具体指向，又有逻辑关联。首先，“中国梦”的历史演进是中华民族在时空轨迹上的有力实践探索。它既包括指导思想的演进，也包括具体实践的接力。它以自身作为强有力的论据材料证明了中华民族的追梦、圆梦之旅不会径情直遂，但一定会实现的必然趋势。其次，“中国梦”的科学内涵是中华民族伟大复兴的科学阐释。它从基本内涵和基本特征两个维度揭示了“中国梦”在新时期新阶段的客观真理性。在实现民族复兴的伟大转折时期，用“中国梦”引领中华民族的奋斗，激发改革的动力和热情，具有巨大的指导意义。最后，“中国梦”的历史演进、科学内涵统一于中华民族探索实现伟大复兴的现代化进程中，二者有特定的逻辑联系。“中国梦”的历史演进厘清了“中国梦”的科学内涵的逻辑理路，“中国梦”的科学内涵升华了“中国梦”的历史演进的价值意蕴。二者在统一的基础上，指出了“圆什么梦，怎样圆梦”这一关于民族梦想的基本命题。

第二篇　“中国梦”形塑马克思主义中国化的新形态

我们要把马、恩、列、斯的方法用到中国来，在中国创造出一些新的东西。只有一般的理论，不用于中国的实际，打不得敌人。但如果把理论用到实际上去，用马克思主义的立场、方法来解决中国问题，创造些新的东西，这样就用得了。[①]

——毛泽东

党和国家的长期实践充分证明，只有社会主义才能救中国，只有中国特色社会主义才能发展中国。[②]

——习近平

---

① 中共中央文献研究室. 毛泽东文集（第二卷）［M］. 北京：人民出版社，1993：408.

② 习近平. 习近平谈治国理政（第1卷）［M］. 北京：外文出版社，2018：7.

中国共产党以实现中华民族伟大复兴为历史使命，坚持运用马克思主义“认识中国”和“改造中国”。在这一进程中，首先是通过实践探索找到符合中国国情的道路，其次才有在新的实践基础上进行理论总结和理论提升，形成中国化的马克思主义。站在认识论角度，这就意味着马克思主义中国化的实践和理论具有顺序性。进而，我们可以认为，党在领导人民寻梦、追梦、圆梦的进程中，推进了马克思主义中国化，先后形成了马克思主义中国化的实践形态和理论形态，使马克思主义中国化的实现形态具有新的表现形式。基于此，本篇将“中国梦”与马克思主义中国化的实现形态有何关系作为研究基点，从整体上把握和回答“中国梦与马克思主义中国化如何互动”。这不仅关系着梳理“中国梦”与马克思主义中国化两大并行进程的历史脉络，也承载着厘清“中国梦”对马克思主义中国化有何贡献的认识逻辑。

第三章 “中国梦”统领马克思主义中国化的实践形态

实现中华民族伟大复兴始终是近代以来中国人民最伟大的梦想。[①] 1840 年鸦片战争失败后，为寻找救亡图存的正确道路，中国知识分子在枪鸣炮响和观点激辩中选择了马克思主义，在中国共产党的领导下探索出了符合中国特殊国情的道路。马克思主义中国化的实践形态就是以毛泽东、邓小平、江泽民、胡锦涛、习近平等为代表的几代中国共产党人在追求独立自主梦、改革富裕梦、发展强国梦、和平崛起梦、国强民富梦中接力探索形成的中国革命、建设、改革、发展之路。讲清楚民族复兴历史使命与表现为马克思主义中国化实践形态的中国道路之间的关系，有助于理顺理论与实践、政党与主义之间的纷繁复杂关系。

一、“中国梦”与中国革命和建设道路

对“中国梦”的追求开启了中国革命和建设道路的探索，以毛泽东为代表的中国共产党人作出了创造性贡献。1840 年鸦片战争后，实现中华民族伟大复兴有一个基本前提，即赢得国家和民族的独立

① 习近平. 在纪念毛泽东同志诞辰 120 周年座谈会上的讲话［N］. 人民日报，2013—12—27（002）.

与自主。自此，独立自主成为贯穿中国革命和建设进程的伟大梦想。为了实现这一梦想，毛泽东在总结辛亥革命经验与教训的基础上，指出中国革命的实践探索必须注重把马克思主义与中国革命实际相结合，提出了“马克思主义中国化”的科学命题。至此，“独立自主梦”便与马克思主义中国化的实践紧密联系，走出了一条具有中国特色的革命和建设之路，在民族复兴的历史征程上迈了一大步。

（一）“中国梦”与新民主主义革命道路的探索

“十月革命一声炮响，给中国送来了马克思主义”。虽然中国共产党从马克思主义中找到了救国的革命之道，但由于欠缺革命经验和政治不成熟，党在选择革命道路之时，犯了“左”和右的错误，付出了惨重代价。需要指明的是，此时的革命实践也是基于实现民族复兴“中国梦”而进行的，并未偏离这一轨道。

“认清中国社会的性质，就是说，认清中国的国情，乃是认清一切革命问题的基本的根据。”① 正是毛泽东以马克思主义为指导，深入中国国情调查研究，相继发表了《中国社会各阶级的分析》《湖南农民运动考察报告》等著作，分析了中国社会各阶级在革命中的地位和作用，研究了中国革命的特点和规律，发展了马克思主义关于无产阶级在民主革命中的领导权思想，创立了我国以工人阶级为领导的，工农联盟为基础的，人民大众的，反对帝国主义、封建主义和官僚资本主义的新民主主义革命理论，开创了一条通过建立农村革命根据地、以农村包围城市、武装夺取政权的革命道路。在新民主主义革命理论指导下，我们党团结带领中国人民经过28年的浴血

① 毛泽东．毛泽东选集（第2卷）[M]．北京：人民出版社，1991：633.

奋战，经历了第一次国内革命、土地革命、抗日战争和解放战争，打败了日本帝国主义，推翻了国民党反动统治，取得了新民主主义革命的胜利，建立了独立自主的新中国，中国人民站起来了，中华民族踏上了实现民族复兴的新征程。

（二）“中国梦”与社会主义革命和建设道路探索

新中国成立后，开启了独立自主实现民族复兴的圆梦之旅。找到一条适合中国国情的社会主义革命道路，消灭一切剥削制度，建立社会主义制度，实现人民当家做主；找到一条适合中国国情的社会主义建设道路，解放和发展社会生产力，改变国家贫穷落后的面貌，实现中华民族由落后挨打到根本扭转命运，成为摆在党的第一代领导集体面前的难题。

民族复兴的历史任务要求认清国情、民情。对基本国情和社会性质的判断是认清和解决社会主义革命与社会主义建设的根本依据。毛泽东准确判断新民主主义社会的国情，提出新民主主义社会是一个过渡性社会，依据新民主主义革命所创造的向社会主义过渡的经济政治条件，采取了社会主义工业化和社会主义改造同时并举的路线，解决了在中国这样一个占世界人口近1/4、经济文化落后的大国建立社会主义制度的重大问题，完成了中华民族有史以来最为广泛而深刻的社会变革，为实现中华民族伟大复兴梦奠定了根本政治前提和制度基础。

1956年毛泽东发表了《论十大关系》和《正确处理人民内部矛盾》，初步总结了我国社会主义建设的经验，提出了探索适合我国国情的社会主义建设道路的任务。依据毛泽东的矛盾学说，为调动一切积极因素，团结全国各族人民建设社会主义，毛泽东提出了正确处理经济建设中的重工业和轻工业、农业的关系，沿海工业和内地工业的关系，经济建设和国防建设的关系，国家、集体和个人的关系以及中央和地方的关系，正确处理政治思想文化中的中外关系、汉族和少数民族的关系、党和非党的关系、革命和反革命的关系、是非关系，初步设想了一系列具有战略意义的正确思想和方针。例如，社会主义的基本矛盾和主要矛盾的思想，走一条适合我国国情的中国工业化道路的思想；在人民内部开展“团结—批评—团结”，在党与民主党派之间实行“长期共存、互相监督”，在科学文化工作中实行“百花齐放、百家争鸣”，在经济工作中实行“统筹兼顾、适当安排”等基本方针。这些思想丰富和发展了马克思主义，推动了向马克思主义中国化实践形态的转变，我国社会主义建设取得了巨大成就。

（三）“中国梦”与社会主义的多维实践

中国共产党的第一代领导人的社会主义实践还包括对党的建设、革命军队建设和军事战略演进、国防和外交、思想政治和文化工作等方面，这些共同构成实现民族复兴“中国梦”的主要基石。毛泽东提出，把我们党建设成一个具有广泛群众性的、马克思主义的无产阶级政党，并以思想建设、作风建设和制度建设为党的建设指明了正确的方向；提出“支部建在连上”，保证了党对军队的绝对领导，使我军成为一支无产阶级性质的、具有严格纪律的、同人民群众保持亲密联系的新型人民军队。为保卫新中国的独立自主的国家地位，毛泽东重视国防和外交建设，既不畏帝国主义的强权政治，又重视扩大与广大发展中国家的友好外交关系，推动新中国外交新突破。毛泽东根据“一定的文化（当作观念形态的文化）是一定社会政治和经济的反映，又给予伟大影响和作用于一定的政治和经济；而经济是基础，政治则是经济的集中的表现”[①] 的基本观点，提出了许多关于文化建设的具有深远意义的重要思想。如关于发展民族的、科学的、大众的文化，重视发挥知识分子重要作用等思想。这些实践都在新中国成立后，巩固了独立自主的梦想，推动了社会主义建设，丰富和发展了马克思主义在中国的实践形态。

毛泽东同志为党、国家和民族作出的伟大功绩在于：“如果没有毛泽东同志的卓越领导，中国革命有极大的可能到现在还没有胜利，那样，中国各族人民就还处在帝国主义、封建主义、官僚资本主义的反动统治之下，我们党就还在黑暗中苦斗。所以说没有毛主席就没有新中国，这丝毫不是什么夸张。”[②] 可以说，毛泽东是把马克思主义运用于中国革命和建设的主要代表，围绕着如何实现和巩固国家独立自主梦，形成了对“什么是马克思主义，如何运用马克思主义”的根本性认识，铸就了马克思主义中国化的伟大开篇。

二、“中国梦”与中国特色社会主义道路的接力探索

十年“文化大革命”不仅延缓了中华民族实现民族复兴的历史进程，也阻滞了中国实现“四个现代化”的政策施行，马克思主义中国化的历史进程也中断了。党的十一届三中全会的召开，提出了各条战线拨乱反正和以经济建设为中心，实行改革开放，标志着重新开启了以社会主义现代化为主题的实践探索。在这一进程中，我们党集中回答了“什么是社会主义，怎样建设社会主义”“建设什么

① 毛泽东．毛泽东选集（第2卷）[M]．北京：人民出版社，1991：633－634．

② 邓小平．邓小平文选（第2卷）[M]．北京：人民出版社，1994：148．

样的党，怎样建设党”“实现什么样的发展，怎样发展”等时代之问，形成了中国特色社会主义道路。这条道路作为马克思主义中国化的实践形态承载着“中国梦”与中国特色社会主义相向而行。

（一）“中国梦”与中国特色社会主义道路的开辟

改革开放以后，虽然“中国梦”的追梦之旅得以接续，但“中国向何处去”仍然考验着以邓小平为核心的党的第二代领导集体。邓小平以他丰富的政治经验和敏锐判断力，明确指出：“我们建立的社会主义制度是个好制度，必须坚持。我们马克思主义者过去闹革命，就是为了实现社会主义、共产主义的崇高理想而奋斗。现在我们搞经济改革，仍然要坚持社会主义道路，坚持共产主义的远大理想，年轻一代尤其要懂得这一点。”① 但当时对于什么是社会主义，如何建设社会主义仍没有搞清楚。在这样的背景之下，以邓小平为核心的党的第二代领导集体重新确立了党的实事求是的思想路线，在总结和借鉴国内外社会主义建设的经验教训，特别是我国社会主义历史经验教训的基础上，展开对“什么是社会主义，怎样建设社会主义”这一首要理论问题的探讨，逐步形成了邓小平建设中国特色社会主义的基本理论和政策实践，开辟了中国特色社会主义的正确道路，马克思主义中国化与“中国梦”都进入“中国特色社会主义”阶段。

对“什么是社会主义”的回答，邓小平根据马克思主义的基本原理和社会主义的建设实践，明确提出：“社会主义的本质，是解放生产力，发展生产力，消灭剥削，消除两极分化，最终达到共同富

① 邓小平．邓小平文选（第3卷）[M]．北京：人民出版社，1993：115-116.

裕。”[①] 由于突出了社会主义本质的生产力基础，在坚持社会主义制度下通过改革开放发展生产力就成为中国特色社会主义道路的突出特征；由于突出了社会主义必须遵循“共同富裕”的价值目标，从而能够始终保证我国改革开放不偏离社会主义的发展方向，充分体现中国道路的制度优势。“中国梦”的实现也必须以生产力的发展为基础，也必须以人民幸福为价值遵循。对“什么是社会主义”认识的深化与“中国梦”本身的要求相契合，在一定程度上说明了马克思主义中国化与“中国梦”的相契合。

对“怎样建设社会主义”的回答，邓小平最核心的政治举措是实行了改革开放的基本国策。他说：“改革是中国的第二次革命。”[②]“对外开放具有重要意义，任何一个国家都要发展，孤立起来，闭关自守是不可能的，不加强国际交往，不引进发达国家的先进经验、先进科学技术和资金，是不可能的。”[③] 为了实施改革开放政策，他提出必须坚持解放思想、实事求是的思想路线。他说：“一个党，一个国家，一个民族，如果一切从本本出发，思想僵化，迷信盛行，那它就不能前进，它的生机就停止了，就要亡党亡国。”[④] 这里从另一个层面说明，马克思主义“化”中国必须结合中国实际。因为僵化的马克思主义中国化会导致亡党亡国。没有中国共产党和中华人民共和国何来中华民族伟大复兴。基于这种认识，邓小平提出了“一个中心、两个基本点”的基本路线，明确了依据社会主义初级阶

---

① 邓小平. 邓小平文选（第3卷）[M]. 北京：人民出版社，1993：373.
② 邓小平. 邓小平文选（第3卷）[M]. 北京：人民出版社，1993：113.
③ 邓小平. 邓小平文选（第3卷）[M]. 北京：人民出版社，1993：117.
④ 邓小平. 邓小平文选（第2卷）[M]. 北京：人民出版社，1994：143.

段的主要矛盾确立以经济建设为中心的根本任务，依据社会主义基本矛盾实施改革开放的基本国策，强调以坚持、加强和改善党的领导建设中国特色社会主义，落实把物质文明和精神文明都搞好的“两手抓，两手都要硬”的方针，推行“一国两制”实现祖国和平统一的伟大构想等。这些路线、方针、政策勾画了中国特色社会主义实践的基本蓝图，开创了中华民族圆梦征程的新道路。

中国特色社会主义道路的开辟是马克思主义基本原理与当代中国实际和时代特征相结合的产物，第一次比较系统地探索了中国社会的发展道路、发展阶段、根本任务、发展动力等一系列基本问题。这些实践涵盖政治、经济、文化、军事、外交、党的建设等多个方面，体现了马克思主义哲学、政治经济学和科学社会主义等基本原理，是马列主义、毛泽东思想在新的历史条件下的接续实践和创造性发展，为实现“中国梦”开辟了一条新的道路，对改革开放和社会主义现代化建设具有重大指导意义。

（二）“中国梦”与中国特色社会主义道路的拓展

世纪交替，国际国内面临严峻的政治形势，实现民族复兴“中国梦”也面临巨大挑战。以江泽民为核心的党的第三代领导集体，以世界上一些长期执政的大党、老党纷纷丢掉政权为警示，以东欧剧变、苏联解体和世界社会主义出现严重曲折为警醒，深刻指出：“在实行改革开放和发展社会主义市场经济的条件下，‘建设一个什么样的党、怎样建设党’是一个重大的现实问题，直接关系我们党和国家的前途命运。”[①] 为此，“建设什么样的党，怎样建设党”成为

① 江泽民．江泽民文选（第3卷）［M］．北京：人民出版社，2006：44．

中国特色社会主义实践的核心内容，构成了马克思主义中国化必须回应的时代之问。在这一时期，对这一问题的实践就构成了实现民族复兴“中国梦”的重大指向。

世纪之交以江泽民为核心的党中央明确提出“实现中华民族伟大复兴”的主题。这一时期的中国特色社会主义实践紧紧围绕着这一主题，以“三个代表”重要思想为指导思想，强调“党始终代表中国先进生产力的发展要求”，把发展社会主义生产力作为根本任务，把发展作为党执政兴国的第一要务，把振兴科技作为振兴经济的首要条件[①]；突出“党要代表中国先进文化的前进方向”，即在建立社会主义市场经济体制的同时，大力发展社会主义先进文化，建设社会主义精神文明，把以德治国与依法治国相结合；强调“党要代表中国最广大人民的根本利益”，把实现好、维护好、发展好最广大人民的根本利益作为党全部奋斗的最高目标，让群众共享改革发展成果，“一切为了群众，一切依靠群众”，保持党执政为民、立党为公的先进性。

这一时期的中国特色社会主义实践涵盖了许多方面，主要表现为以下几方面：发展是党执政兴国的第一要务；打开我国经济、政治和文化发展的崭新局面，实现改革开放新的历史性突破，建立社会主义市场经济体制；提出21世纪头20年建设全面小康社会，形成了“两个一百年”的奋斗目标，深化了邓小平关于分阶段、有步骤地实现现代化的战略思想，丰富了我们党关于社会主义初级阶段的理论；提出建设社会主义政治文明，坚持依法治国，建设社会主

① 江泽民．江泽民文选（第1卷）[M]．北京：人民出版社，2006：232．

义法治国家；提出保持党的先进性和纯洁性，推进党的建设新的伟大工程；提出大力弘扬与时俱进的精神，丰富了党的实事求是的思想路线；提出党在社会主义初级阶段的基本纲领；提出推进祖国完全统一、发展两岸关系八项主张等理论。这一切实践最广泛、最充分地调动了一切积极因素为实现中华民族的伟大复兴而奋斗。

国内外形势的发展变化使得这一时期的"中国梦"有了不同的主题，给党和国家工作提出了新要求，中国特色社会主义实践倾向于发展生产力、发展社会主义先进文化、以人民利益为出发点和落脚点、加强和改进党的建设，展现了中国特色社会主义事业在21世纪的新面貌。

（三）"中国梦"与新世纪新阶段对中国特色社会主义道路的坚持和发展

新世纪新阶段，我国经济社会发展取得举世瞩目的成就。同时，我国进入矛盾凸显期、改革攻坚期和发展关键期，对民族复兴的美好追求指引着以胡锦涛为总书记的党中央坚持以马克思列宁主义、毛泽东思想、邓小平理论和"三个代表"重要思想为指导，准确把握世界发展大势和马克思主义中国化的基本规律，认真总结我国发展经验和教训，进行了具有新的特点的中国特色社会主义实践，不断开创全面建成小康社会的新局面，推动我国综合国力和国际地位跃升。这一阶段重点对"实现什么样的发展，怎样发展"进行了深入探索，形成了中国特色社会主义的发展观。

对这一时代主题的追问和探究，得出了中国特色社会主义的发展观第一要义是发展。胡锦涛指出，"发展是解决中国一切问题的'总钥匙'，发展对于全面建设小康社会、加快推进社会主义现代化，对于开创中国特色社会主义事业新局面、实现中华民族伟大复兴，具有决定性意义。”[①] 中国特色社会主义的根本吸引力和巨大政治魅力就在于发展。核心立场是以人为本，即在发展中要以最广大人民群众的根本利益为本，坚持发展为了人民、发展依靠人民、发展成果由人民共享、发展最终是为了实现人的全面发展。基本要求是全面协调可持续，就是要做到发展的全面性、整体性、协调性、均衡性、持久性、连续性，要按照中国特色社会主义事业五位一体的总体布局，推进经济建设、政治建设、文化建设、社会建设、生态文明建设的相互联系、相互促进和有机统一。根本方法是统筹兼顾，即要统筹好、协调好城乡之间、区域之间、经济社会发展之间、人与自然之间、国内发展同对外开放之间的相互关系，做到既立足于当前，又着眼于未来，做到兼顾各方、综合平衡。

中国特色社会主义的发展观立足于党和人民事业发展的全局，有针对性地就我国社会主义经济建设、政治建设、文化建设、社会建设、生态文明建设和党的建设等实践中的关键问题进行了破题与回应。这一阶段，走出了中国特色社会主义经济发展道路，加快转变经济发展方式；走出了中国特色社会主义民主政治发展道路，推进政治体制改革；走出了中国特色社会主义文化发展道路，推进社会主义文化强国建设；走出了建设社会主义和谐社会道路，构建民主法治、公平正义、诚信友爱、充满活力、安定有序、人与自然和谐相处的社会主义和谐社会；走出了建设社会主义生态文明道路，建设以资源环境承载力为基础、以自然规律为准则、以可持续发展

① 胡锦涛. 胡锦涛文选（第3卷）[M]. 北京：人民出版社，2016：95.

为目标的资源节约型和环境友好型社会；走出了建设学习型、服务型、创新型的马克思主义执政党之路，全面提高党的建设科学化水平，全面提升党的执政能力，确保党始终成为中国特色社会主义事业的坚强领导核心。

从党的十六大到党的十八大，以胡锦涛为代表的共产党人坚持把马克思主义基本原理同当代中国实际相结合，全面推进经济建设、政治建设、文化建设、社会建设、生态文明建设，使我国社会生产力、经济实力、科技实力大幅提升，人民生活水平迈上一个大台阶，国际竞争力和国际影响力显著提升；明确提出建设中国特色社会主义的总依据是社会主义初级阶段、总布局是“五位一体”、总任务是实现社会主义现代化和实现中华民族伟大复兴①，在新的历史起点上坚持和发展了中国特色社会主义道路。至此，可以说中国特色社会主义道路与“中国梦”的关系已“具象化”了。

三、“中国梦”与新时代对中国特色社会主义道路的坚持和发展

习近平总书记参观《复兴之路》时，明确提出“中国梦”这一概念，这在我们党的历史上是首次。把自鸦片战争以来中华民族的伟大梦想概括为“中国梦”，既是我们党的政治话语由宏大叙事到具体写实的转换，也是我们党由政治宣言到历史使命的宣誓。以习近平同志为核心的党中央为新时代坚持和发展中国特色社会主义道路注入不竭动力。

① 胡锦涛. 胡锦涛文选（第3卷）[M]. 北京：人民出版社，2016：676.

（一）“中国梦”激励着习近平新时代中国特色社会主义思想的形成

党的十九大报告指出，中国共产党人的历史使命就是实现中华民族的伟大复兴。以习近平同志为核心的党中央在坚持党的实事求是思想路线的基础上，开始了以实现民族复兴为主题的中国实践，把马克思主义基本原理同中国特色社会主义进入新时代的具体实际相结合，深化了对人类社会、社会主义、党的执政“三大规律”的认识，创立了习近平新时代中国特色社会主义思想。

习近平新时代中国特色社会主义思想以“新时代坚持和发展什么样的中国特色社会主义，怎样坚持和发展中国特色社会主义”为理论主题，以实现中华民族伟大复兴“中国梦”为使命指向，形成了涵盖改革发展稳定、内政外交国防、治党治国治军等各领域和各方面的丰富内容，构筑了一个系统完整、逻辑严密、相互贯通的思想理论体系。

习近平新时代中国特色社会主义思想不仅开辟了马克思主义中国化的新境界，也开辟了中华民族圆梦征程的新境界。党的十八大以来，在以习近平为核心的党中央的领导下，党和国家的事业取得了历史性成就和革命性变革。例如，党的领导全面加强、发展理念和发展方式深度调整、全面深化改革取得巨大成就、全面依法治国显著增强、意识形态工作领导权有效提升、生态文明建设成效巨大、国防和军队现代化水平显著增强、中国特色大国外交赢得战略主动、全面从严治党压倒性态势，这些成就犹如一面镜子映射出积贫积弱中国的焕然一新，映衬出中华民族距离复兴之近。在一定程度上，“中国梦”成为习近平新时代中国特色社会主义思想构建的目标激励，在习近平新时代中国特色社会主义思想的指导下，“中国梦”实践取得了实质性成效。

（二）“中国梦”与“八个明确”的内在关联

习近平总书记以一系列战略性、前瞻性、创造性的观点，深刻回答了新时代坚持和发展中国特色社会主义的总目标、总任务、总体布局、战略布局和发展方向、发展方式、发展动力、战略步骤、外部条件、政治保证等基本问题。这些基本问题既构成了党的十九大报告中“八个明确”的内容，也体现了“中国梦”的时代蕴涵。

“八个明确”是“中国梦”在新时代的具体内容。新时代，建设中国特色社会主义，就是实现民族复兴“中国梦”。换言之，实现民族复兴有其时代蕴涵，身处新时代，人民日益增长的美好生活需要与不平衡不充分的发展之间的矛盾是实现中华民族伟大复兴的主要矛盾；“五位一体”和“四个全面”是实现民族复兴的总体布局和战略布局；全面深化改革、全面推进依法治国、全面从严治党是实现民族复兴的发展动力、发展方向、政治保证；强军目标和中国特色大国外交是实现民族复兴的基础保障、外部条件。

“中国梦”是“八个明确”在新时代的最终落脚点。“八个明确”从理论层面凝练了习近平新时代中国特色社会主义思想的主要内容，重点讲的是怎么看，回答的是新时代坚持和发展什么样的中国特色社会主义的问题。“八个明确”是习近平新时代中国特色社会主义思想的支撑内容。可以说，新时代坚持和发展中国特色社会主义就要准确把握“八个明确”。党的十九大报告中指出的第一个明确是“明确坚持和发展中国特色社会主义，总任务是实现社会主义现代化和中华民族伟大复兴”[①]。也就是说，坚持和发展中国特色社会主义是为中华民族伟大复兴服务的。那么“八个明确”也不例外，进而，可以说“中国梦”是“八个明确”的最终落脚点。

（三）“中国梦”与“十四个坚持”的内在关联

作为近代以来中华民族最伟大的梦想，“中国梦”“绝不是轻轻松松、敲锣打鼓就能实现的。全党必须准备付出更为艰巨、更为艰苦的努力”[②]。习近平总书记指出，新时代坚持和发展中国特色社会主义，要求遵从“十四个坚持”的基本方略。可以说，“十四个坚持”是实现“中国梦”的应然要求，偏重于实践层面、方略层面的展开，回答了新时代如何坚持和发展中国特色社会主义，是实现中华民族伟大复兴“中国梦”的“方法论”[③]。

“十四个坚持”是在党的领导下实现中华民族伟大复兴的行动纲领。我们党在追求民族复兴的不同阶段，都伴有具体内容不同而目标指向一致的行动纲领，新民主主义革命时期的经济、政治、文化纲领，新中国成立后的过渡时期总路线，改革开放和社会主义现代化建设历史新时期的党的基本纲领。中国特色社会主义进入新时代，从理论和实践的结合上，系统回答如何坚持和发展中国特色社会主义，如何实现中华民族伟大复兴，就需要“十四个坚持”的基本方略在各项工作中全面贯彻落实。

---

① 习近平．决胜全面建成小康社会 夺取新时代中国特色社会主义伟大胜利——在中国共产党第十九次全国代表大会上的讲话［M］．北京：人民出版社，2017：25.

② 习近平．决胜全面建成小康社会 夺取新时代中国特色社会主义伟大胜利——在中国共产党第十九次全国代表大会上的讲话［M］．北京：人民出版社，2017：21.

③ 中共中央宣传部．习近平新时代中国特色社会主义思想三十讲［M］．学习出版社，2018：7.

“中国梦”的“伟大性”塑造了“十四个坚持”的内在逻辑。“中国梦”之所以伟大，在于国家前途“由衰至盛”的巨变、民族命运“由被动至主动”的转换、个人梦想“由虚到实”的调试。无论是国家前途、民族命运还是个人梦想都离不开党的领导。所谓“党政军民学，东西南北中，党是领导一切的”①。这决定了坚持党对一切工作的领导是“十四个坚持”的核心内容。民族复兴能否实现还在于国家现代化的建设水平，这就需要事关民族复兴主题内容的具体展开，即围绕“五位一体”总体布局和“四个全面”战略布局涵盖的政治、经济、文化、社会、生态、党建等方面进行重点布局和科学施策。这些内容构成了“十四个坚持”的主体内容。民族复兴的主体内容能否顺利展开，还有赖于国家安全、人民军队、大国外交、“一国两制”等方面的重要保障。这些内容构成了“十四个坚持”的重要内容。由此，形成了“核心—主体—保障”的层层递进、环环相扣的内在逻辑。

（四）“中国梦”与“四个伟大”的内在关联

“四个伟大”分别指“实现民族复兴”的伟大梦想、“具有许多新的历史特点”的伟大斗争、“党的建设”新的伟大工程、“中国特色社会主义”伟大事业②，虽然每一个“伟大”具体指向不同，但本质上都以伟大梦想为出发点和中心点。正如习近平总书记在党的十九大报告中指出的，实现伟大梦想，必须进行伟大斗争，必须建设伟大工程，必须推进

---

① 习近平．决胜全面建成小康社会　夺取新时代中国特色社会主义伟大胜利——在中国共产党第十九次全国代表大会上的讲话［M］．北京：人民出版社，2017：20.

② 习近平．决胜全面建成小康社会　夺取新时代中国特色社会主义伟大胜利——在中国共产党第十九次全国代表大会上的讲话［M］．北京：人民出版社，2017：15.

伟大事业[①]。这里我们需要注意的是，“四个伟大”是一个历史逻辑和理论逻辑相统一的有机整体。从理论逻辑看，“四个伟大”之间联系密切、相互贯穿、相互作用，伟大梦想是引领，伟大斗争是动力，伟大工程是保障，伟大事业是基础，分别回答了共产党人担负“什么样的历史使命”、怀有“什么样的精神状态”、成为“什么样的领导力量”、坚持“什么样的实践路径”这一历代共产党人都深深关注的理论问题。从历史逻辑看，几代国家领导人的接力探索都体现了“四个伟大”这一思路，直到十九大以习近平同志为核心的党中央明确提出这一治国理政的总体框架。

党的十八大以来，以习近平同志为核心的党中央牢牢扭住“两个百年”这一梦想主题，围绕新时代、新矛盾、新情况，以“五大发展理念”为指导，统筹推进“五位一体”总体布局，协调推进“四个全面”战略布局，开启和引领了党和国家事业取得历史性成就、发生历史性变革，开启和引领了全面建成小康社会、全面建设社会主义现代化强国的新征程，成功推进中国特色社会主义实践进入新时代，推动全党全国各族人民为实现中华民族伟大复兴梦想迈上新台阶。

① 习近平. 决胜全面建成小康社会　夺取新时代中国特色社会主义伟大胜利——在中国共产党第十九次全国代表大会上的讲话［M］. 北京：人民出版社，2017：15－17.

第四章　“中国梦”提升马克思主义中国化的理论形态

在马克思主义中国化进程中，首先要解决的是道路问题，在道路探索中进行理论总结和理论创新形成马克思主义中国化的理论形态。可以说，马克思主义理论形态形成的过程贯穿于实现民族复兴的全过程。马克思主义中国化理论形态的演进及其逻辑进展大致依次经历以下几个形态：第一种形态是进入中国化主体认识范围的马克思主义，第二种形态是作为理论与实践中间环节之实践观念的马克思主义，第三种形态是中国化具体实践中的马克思主义，第四种形态是中国化的马克思主义。其中，第一、二种形态属于中国化实践尚未实际展开的理论形态，第三种形态是中国化具体实践中的理论形态，第四种形态则是相对独立的中国化实践之后的理论形态。①

一、“中国梦”与马克思主义中国化理论形态的第一种形态

马克思主义中国化理论形态的第一种形态就是进入中国化主体认识范围的马克思主义。马克思主义中国化是一个理论与实践互动、结合的

① 种海峰. 论马克思主义中国化理论形态演进的内在逻辑［J］. 马克思主义研究，2018（2）：24−33.

客观过程。在这一过程中，马克思主义中国化的主体起着核心作用。只有正确认识、理解、接受、实践马克思主义，才有马克思主义中国化实践探索和理论提升的顺利进行，他们的主体条件决定了马克思主义中国化的实际效果。在此阶段，能够进入中国化主体认识范围的马克思主义则是一经传播就用来指导中国革命实践的马克思主义的社会革命理论。这是由当时的客观实际决定的主体需要，在此过程中形成了对马克思主义的认同。

（一）“中国梦”形成于马克思主义传入的客观实际

客观实际是指不以人的意志为转移而存在的客观条件与具体环境。20世纪初马克思主义传入中国时，中国正处于内忧外患，整个社会艰难羸弱。内部而言，封建地主与劳苦大众的矛盾日趋激烈，各种求强求富方案此起彼伏，无论自救还是他救，仍未能改变积贫积弱的局面，中华民族岌岌可危。外部而言，西方列强对中国进行了多方位的侵略，列强与中国以及列强之间在华夏大地之上的矛盾也愈加尖锐。阶级压迫之内忧，列强入侵之外患，给这个羸弱大国带来深重的政治、经济、文化危机，当时的中国面临严峻形势和重重苦难。民族复兴“中国梦”就于这样的客观实际中诞生，并且越来越清晰，指引着“必将给这个国家的文明带来极其重要的结果”[①]的改革。

（二）“中国梦”熔铸于马克思主义中国化的主体需要

“理论在一个国家实现的程度，总是取决于理论满足这个国家的

① 中共中央马克思恩格斯列宁斯大林著作编译局. 马克思恩格斯全集（第7卷）[M]. 北京：人民出版社，1959：265.

需要的程度。”[①] 主体既是马克思主义中国化的能动力量，也是实现民族复兴“中国梦”的积极因素。理论起作用，需要主体有运用理论的主观动机和内在动力。在多种救国方案不可行之际，先进的知识分子选择了马克思主义。选择马克思主义的动机就在于，他们希望借助马克思主义来挽中华民族于既倒，扶中华民族于将倾。这种实现梦想的动力激发了主体对“中国梦”的巨大需要，牵引着他们学习、接受马克思主义，效仿俄国革命。这也就决定了为何“马克思主义在中国的传播首先从唯物史观开始”[②]。可以说，“中国梦”熔铸于马克思主义中国化的主体需要。马克思主义刚好满足了主体“认识世界”和“民族复兴”的需要。

（三）“中国梦”深化了主体对马克思主义的认同

“中国梦”与马克思主义基本原理相契合，在很大程度上深化了主体对马克思主义的认同。“中国梦”内在蕴含中华优秀传统文化的精髓，外在关照世界大势。“中国梦”暗含着天下大同的理想传统和实事求是的民族精神，这与马克思主义主张的“共产主义”创造“人的联合体”相通，与辩证唯物主义中对立统一规律要求实事求是的方法论相通。“中国梦”主张民族复兴，其实质暗喻着关注世界大势，顺时代潮流而进。俄国十月革命的成功暗示着与俄国具有相似社会特征的中国也可以“走俄国人的路”。“中国梦”主张实现的是没有压迫、没有剥削、没有侵略的民族独立、人民解放、国家富强、

---

① 中共中央马克思恩格斯列宁斯大林著作编译局. 马克思恩格斯选集（第 1 卷）［M］. 北京：人民出版社，2012：11.

② 张静如. 中共党史学与马克思主义中国化研究［M］. 北京：人民出版社，2016：296.

人民富裕，这与马克思主义对西方资本主义道路批判的真理性和科学性更加契合。可以说，“中国梦”深化了主体对马克思主义的认知和感应，接受程度也倍增。

二、“中国梦”与马克思主义中国化理论形态的第二种形态

当主体选定用来“化中国”的马克思主义的具体内容后，首先需要将之具体化，淡化其抽象性色彩，形成适用于“中国梦”具体的实践观念。这里的实践观念会为主体所接受并达成现实性的共识，主要表现为三类，一是党的历次代表大会报告，二是国家制定的基本规划，三是对这些报告、规划的学术解读。这些构成了对纲领、战略、政策、路线、方针、策略、规划等的集中体现。

（一）“中国梦”贯通在党的历次代表大会报告

鸦片战争后，中华民族遭受深重苦难。建设一个什么样的国家，成为知识分子最大的期望。一大宣告中国共产党成立，为先进分子奋起抗争提供了组织保障。继而，在二大提出反帝反封建的民主革命纲领。三大到六大虽然或多或少出现了一些问题，但都围绕如何进行革命而进行圆梦实践。党的七大确立了毛泽东思想为全党的指导思想，八大第一次提出了国内主要矛盾的变化。十二大提出建设有中国特色的社会主义，走自己的路，全面开创社会主义现代化建设新局面。十三大，沿着有中国特色的社会主义道路前进，提出21世纪实现现代化发展战略的三步走。十四大，加快改革开放和现代化建设步伐，夺取有中国特色的社会主义事业更大胜利。十五大，高举邓小平理论伟大旗帜，把建设有中国特色的社会主义事业全面

推向21世纪。十六大和十七大，高举邓小平理论的伟大旗帜，全面贯彻“三个代表”重要思想，继往开来，与时俱进，全面建设小康社会，加快推进社会主义现代化，为开创中国特色社会主义事业新局面而奋斗。十八大，高举中国特色社会主义伟大旗帜，以邓小平理论、“三个代表”重要思想、科学发展观为指导，解放思想，改革开放，凝聚力量，攻坚克难，坚定不移沿着中国特色社会主义道路前进，为全面建成小康社会而奋斗。十九大，不忘初心，牢记使命，高举中国特色社会主义伟大旗帜，决胜全面建成小康社会，夺取新时代中国特色社会主义伟大胜利，为实现中华民族伟大复兴的中国梦不懈奋斗。

（二）“中国梦”体现在国家的历届基本规划

“五年规划”原称五年计划，全称为中华人民共和国国民经济和社会发展五年规划纲要，是国民经济计划的重要组成部分，属长期计划，主要是对国家重大建设项目、生产力分布和国民经济重要比例关系等作出规划，为国民经济发展远景规定目标和方向。新中国成立以来，中国共产党在革命、建设和改革的不同历史时期领导制定和实施了十三个“五年规划”。“五年规划”已经成为我国最重要的带有全局性、整体性的经济社会发展规划。“五年规划”记录了中国共产党领导新中国社会主义建设的历史轨迹和发展脉络，在中国社会主义建设史上具有重要地位。研究新中国成立以来的“五年规划”，对于总结我国社会主义建设的历史经验与教训，对未来中长期规划的制定与实施，推进我国经济社会的全面协调持续健康发展，具有重要的理论价值与现实意义。

（三）“中国梦”穿行在对报告和规划的学术解读

“中国梦”是一种引导实践的“抽象性”理念。把“观念的东西转化为实在的东西，这个思想是深刻的：对于历史很重要。并且从个人生活中也可以看到，那里有许多真理”①。只有把马克思主义与我国的具体实际相结合，使其从普遍原理的理论形态转化为中国革命与建设的实践形态，这样才能为“中国梦”的实现提供一种指导。由于党的历次代表大会报告和国家的历次“五年规划”中贯穿着抽象形态的马克思主义，只有学者们做出因循中国实际特点的学术解读，才能使马克思主义大众化，逐渐为广大群众所接受，转变成能够服务于群众的实践观念。“世界不会满足人，人决心以自己的行动来改变世界。”② 如习近平总书记提出民族复兴“中国梦”，中国知网收录的学者进行解读的期刊文章和报纸文章上万篇，对人们现实中需要面对和实践中不断出现的各种各样的问题和矛盾进行了解析和回应。这样就比党代会报告和国家“五年规划”更具体化、更接近实际，包含了为原先的理论观念所无法容纳的更多的内容。

三、“中国梦”与马克思主义中国化理论形态的第三种形态

由于实践观念不能等同于实践活动，由前者到后者的转化需要有“使用实践力量的人”③。因而，马克思主义中国化理论形态的第三种形态呈现为实践活动中的马克思主义。与第二种形态的不同之

① 中共中央马克思恩格斯列宁斯大林著作编译局. 列宁全集（第 55 卷）[M]. 北京：人民出版社，1990：97.

② 中共中央马克思恩格斯列宁斯大林著作编译局. 列宁全集（第 55 卷）[M]. 北京：人民出版社，1990：183.

③ 中共中央马克思恩格斯列宁斯大林著作编译局. 马克思恩格斯文集（第 1 卷）[M]. 北京：人民出版社，2009：320.

处在于，第三种形态是第二种形态的现实化和对象化，实现了由思想世界到现实世界的场域转换，由静态的观念认识到动态的、发展的、与实践相结合的理论的转化。马克思主义基本原理的真理性在“中国梦”的实践活动中得以检验和再阐释，实践活动中出现的偏差和问题也得以运用马克思主义科学的世界观和方法论进行纠正和调适。

（一）检验和新释：“中国梦”实践中的马克思主义

实践中的马克思主义在“中国梦”实践中得以检验。“中国梦”是一个整体性概念，不仅关注国家、民族共同利益，注重个体根本愿望和诉求，还饱含对世界他国的合理关切。中国共产党自成立以来就坚持“人民群众是历史的创造者”的唯物观点，团结和带领全国各族人民进行了一系列为实现“中国梦”而进行的艰苦卓绝斗争，提炼出“全心全意为人民服务”的党的根本宗旨、“从群众中来，到群众中去”的群众路线，凝聚起全体社会成员的共同利益，指导主体在革命、建设、改革中坚持原则性和灵活性的统一，勇敢面对困难和挑战，将挫折抛到身后，以永不懈怠的精神状态、一往无前的奋斗姿态朝着中华民族伟大复兴前进。

“中国梦”实践对马克思主义做出新解释。“中国梦”内在包含着“实现民族复兴”的目标预设和“国家富强、民族振兴、人民幸福”的衡量标准，双重指引着“中国梦”的具体实践。中国共产党成立以来，“中国梦”不同阶段的具体实践有不同特点，以致实践中的马克思主义也呈现为不同内容。例如，马克思恩格斯所创立的唯物史观指出“人民群众是历史的创造者”，历代共产党人对这一观点做了创造性解释。在实现人民幸福这一梦想的指引下，毛泽东提出

“全心全意为人民服务”是党的根本宗旨，邓小平把“人民拥护不拥护、人民答应不答应、人民高兴不高兴”作为党制定政策的出发点和落脚点，江泽民提出“中国共产党始终代表中国最广大人民的根本利益”，胡锦涛提出“以人为本”为核心的科学发展观，习近平提出“以人民为中心”的共产党人立场。从毛泽东到习近平的新解释，都贯穿着一条主线，就是将人民放到首要位置，都是对“人民群众创造历史”的马克思主义观点的坚持和发展。因而，“中国梦”指引着实践中的马克思主义与具体实际相结合。这时的马克思主义就作出了合乎中国实际、合乎社会主义建设规律的新解释。

（二）规划和纠偏：马克思主义指导下的“中国梦”实践

实践观念的马克思主义对“中国梦”实践具有独特作用。将马克思主义运用到具体实践中，这时的马克思主义已脱离“抽象性”特点，更加具象化和实际化，它能够一经拿来就直接指导实践。然而，每一时代人的认识能力都具有时代局限性，加之“中国梦”在广度和深度上蕴含着复杂性。尽管人们都主张运用马克思主义中科学而合理的实践理念，但仍不可能穷尽对“中国梦”全部属性的认识。在这个意义上，只有对“中国梦”的具体实践作出规划和纠偏，使之具有可操作性，才能克服主体对象性知识不足和实践性方案受限的局限性，才能及时、妥善处理“中国梦”实践中的新矛盾和新问题。

实践观念的马克思主义规划着“中国梦”的实践。实践观念的马克思主义得以发挥作用基于马克思主义中国化主体的能动作用。马克思主义中国化的主体依据“中国梦”实践中具体情况的变化，将马克思主义基本原理与中国革命、建设、改革的具体实际相结合，依次提出了“独立自主梦、改革富裕梦、发展强国梦、和平崛起梦、国强民富梦”，相应制定了“一五”到“十三五”的国家规划；提出实现民族复兴的“三步走”战略；经过对前人实践科学合理的评估，十九大提出“两步走”的战略步骤。这些对现实的“中国梦”实践作出的规划，保证了在马克思主义中国化的进程中，中国社会良性有序运动。

实践的马克思主义对“中国梦”实践有纠偏作用。前文已经指出，实践理念的马克思主义规划着“中国梦”实践。然而，不能忽视的是，在操作层面对“中国梦”实践产生影响的是环境的动态变化及主体思想的主观变化。这两个方面的变化，使得“中国梦”实践的具体规划不可能一成不变。人们总会根据环境条件的变化，修正自己的理念，对原有计划和原有方案进行校正。如党的十一届三中全会对党的九大、十大所制定的实现“中国梦”的实践进行了纠偏。党的十一届三中全会，破除了“两个凡是”的教条倾向，确立了实事求是的思想路线，并作出党和国家的工作转移到经济建设上来的决定，彻底否定了以“阶级斗争为纲”的政治路线，社会主义的首要任务是发展生产力。在这种情形下，“中国梦”的具体实践就转移到发展生产力这一核心要义上。同时，实践理念的马克思主义还要与马克思主义中国化过程中党内存在的“左”或右的错误思想做斗争，同各种非马克思主义的社会思潮做斗争。

“中国梦”实践在与马克思主义中国化理论不断互动、循环往复中，催生新的实践，产生新的理论，理论一次比一次更深刻更完善，实践一次比一次更深入更顺利。

四、“中国梦”与马克思主义中国化理论形态的第四种形态

马克思主义中国化不仅仅意味着用马克思主义来“化中国”，还包含着将马克思主义“中国化”。所谓中国化也就是将中国具体实践中的丰富经验上升为理性认识，抽象为科学系统的理论，形成中国化的马克思主义，这就是马克思主义中国化理论形态的第四种形态。“中国梦”实践既包含着鸦片战争后仁人志士的艰辛探索，也延伸至中国共产党人的接续探索。可以说，中国化马克思主义的形成，从未离开“中国梦”实践。反而还在实践中不断被打上中国特色烙印，形成区别于“德国的”马克思主义、“俄国的”马克思主义、“越南的”马克思主义或者其他国家民族的马克思主义。

（一）“中国梦”历史与中国化马克思主义历史的有机统一

“中国梦”的历史是实现民族复兴和全面建成社会主义现代化强国的历史；中国化马克思主义的历史是中国共产党人将马克思主义与中国具体实际相结合，不断形成具有中国特色、中国风格、中国气派的理论的历史。二者具有内在统一性。从时间起点来看，中国共产党的成立既开启了“中国梦”变为现实的历史，也开启了中华民族运用马克思主义解决中国问题的历史；从主体力量来看，中国共产党构成了“中国梦”实践和马克思主义中国化的主导力量；从空间载体来看，华夏大地是“中国梦”圆梦和不断推进马克思主义中国化的地理空间；从价值取向来看，“人民幸福”是“中国梦”和中国化马克思主义共同的价值目标。时间起点、主体力量、空间载体、价值取向共同联结了“中国梦”与马克思主义中国化。追求

“中国梦”的历史就是中国共产党人根据国内外形势的动态发展，紧密结合中国社会最新发展以及社会生活深刻变革的特征，不断形成中国化马克思主义的历史。

（二）中国化马克思主义围绕“中国梦”主题进行建构

任何一个思想体系和理论体系都围绕着特定的主题进行建构，以此形成逻辑严密的结构体系。由于中国化马克思主义在“中国梦”历史中形成和发展，因而中国化马克思主义的建构与“中国梦”主题紧密相关。第一个主题是实现中华民族伟大复兴，坚持运用马克思主义的立场、观点、方法来认识这一主题，提炼出“四个伟大”之一的“伟大梦想”；第二个主题是“中国梦”的具体实践，即革命、建设、改革和发展中的基础理论问题，形成了如新民主主义革命理论、社会主义改造理论、社会主义初级阶段理论、社会主义本质论等；第三个主题是各个时期追求“中国梦”所制定的路线、方针、政策、策略，如基本路线、基本纲领、基本经验、基本要求、基本方略等；第四个主题是“中国梦”实践的具体方面，如围绕经济、政治、社会、文化、生态、党建等形成的具体表述。这四个方面构成了有层次、有体系的有机整体。

（三）“中国梦”彰显了中国化马克思主义的世界意义

任何一个理论的独特价值就在于对某一问题的聚焦及深度思考。中国化马克思主义最主要的意义和价值就在于探索并解答了在中国这样经济文化落后的国家实现什么样的梦想，如何实现这样的梦想等一系列重大课题。不言而喻，梦想问题是任何一个国家想要发展都不能回避的问题，没有梦想的民族是一个没有希望的民族。实现中华民族伟大复兴“中国梦”，彰显了中国化马克思主义的世界意义。第一，中国化马克思主义为社会主义国家实现本国梦想贡献中国智慧。中国化马克思主义既是植根中华大地发展了的马克思主义，又将超越中国范围而对其他社会主义国家产生深刻影响。中国化马克思主义所提出的建设和发展社会主义的路线、方针和政策及其实践探索，破解社会转型发展难题的做法，“可以对世界上的社会主义事业和不发达国家的发展提供某些经验”①。第二，中国化马克思主义为讲清世界走向贡献中国力量。看清世界发展走势，把握时代潮流，是一个且做且新的重大课题。“中国梦”顺应世界大势、时代大潮，内促和谐、外倡和平，在纷繁复杂的各种表象中，牵住世界变化之“牛鼻”，把好时代涌动之“脉搏”。第三，中国化马克思主义向世界讲清楚中国角色。身处大发展、大调整、大变革的时代，“中国梦”是和平发展、合作共赢之梦，与世界梦想息息相通。中国化马克思主义讲清楚了在人类命运共同体中，中国将会承担什么样的国际责任，制定什么样的发展政策、实现什么样的发展目标。于国际社会而言，这不仅是中国与世界各国共度时艰的担当体现，还是中国人民与世界人民携手共进的智慧彰显。于中华民族而言，这不仅是站起来、富起来、强起来的历史传承，也是共建、共赢、共享的目标延续。

① 邓小平．邓小平文选（第3卷）[M]．北京：人民出版社，1993：135.

本篇小结

本篇探讨了"中国梦"与马克思主义中国化实现形态的关系。需作说明的是将马克思主义中国化理论形态细化为四种形态，实质是为了详明地探求"中国梦"与马克思主义理论形态的具体关系，并非刻意对马克思主义理论进行区分。在"中国梦"与马克思主义中国化的伟大实践中，不仅需要有抽象的理论思维，还应有具体的历史实践。因为实际中的马克思主义中国化理论认识活动与实践活动总是处于相互依赖、相互转化、相互渗透、相互包含的动态运行过程。在现实的马克思主义中国化的每一个阶段、每一个环节，一方面，无论是理论认识还是实践都不可能独立存在；另一方面，马克思主义中国化是连续不断进行的总体性社会历史过程，其中理论与实践、主体与客体、过程与结果等都处于互变、共变及其交互作用的关系之中。同时，中国共产党正是以实现伟大民族复兴梦为历史使命，始终坚持把马克思主义基本原理与中国实际相结合，在把马克思主义"化中国"与"中国化"的历史进程中，以苦难的辉煌生动诠释了党带领人民寻梦、追梦、圆梦的历史进程。中国共产党领导全国人民进行革命、建设和改革的全部历史，就是不断推进马克思主义中国化历史性飞跃新阶段和不断促进马克思主义中国化理论成果创新的历史，就是接力奋斗开创实现伟大民族复兴"中国梦"

的历史。“中国梦”与马克思主义中国化相向而行，马克思主义中国化的历史进程就是实现“中国梦”的历程。以毛泽东为代表的第一代中国共产党领导集体找到实现民族独立和人民解放的新民主主义革命道路，探索了社会主义革命和建设道路，解决了中华民族“挨打”的问题，开启了实现民族复兴“中国梦”的伟大征程。以邓小平、江泽民、胡锦涛为代表的几代中央领导集体，找到了实现国家富强和人民幸福的道路，在改革发展进程中开辟、坚持、发展了中国特色社会主义道路，解决了中华民族“挨饿”的问题，奋力行进在实现民族复兴“中国梦”的伟大进程中。党的十八大以来，以习近平为核心的党中央把马克思主义中国化推进到最新的发展阶段，在新时代坚持和发展了中国特色社会主义道路，解决了中华民族“挨骂”的问题，推动我们追求民族复兴走向新阶段。

第三篇　“中国梦”开辟马克思主义中国化的新境界

不管最近二十五年来的情况发生了多大的变化，这个《宣言》中所发挥的一般基本原理整个说来直到现在还是完全正确的。个别地方本来可以做某些修改。这些基本原理的实际运用，正如《宣言》中所说的，随时随地都要以当时的历史条件为转移。①

——**马克思、恩格斯**

坚持以马克思主义为指导，最重要的是要善于把马克思主义基本原理同中国具体实际相结合，不断推进马克思主义的中国化，在实践中丰富和发展马克思主义。②

——**江泽民**

---

① 中共中央马克思恩格斯列宁斯大林著作编译局. 马克思恩格斯选集（第1卷）[M]. 北京：人民出版社，1972：228.

② 江泽民. 江泽民文选（第3卷）[M]. 北京：人民出版社，2006：492.

本篇以马克思主义中国化的“中国向度”为视角，探讨“中国梦”对马克思主义中国化的贡献。从马克思主义在中国的传播和运用给中华民族带来圆梦希望，到中国化的马克思主义在低潮中的社会主义展现出光明前景，中国共产党的历史就可被视作一部为实现“中国梦”而运用马克思主义不断探索“化中国”，并在实践中不断推进“中国化”的历史。因此，“化中国”和“中国化”有机统一于马克思主义与中国具体实际的结合中，破解难题与总结经验构成其内在蕴含的两面。马克思主义中国化的这种特点决定了“中国梦”对其作出贡献要从“化中国”和“中国化”两个层面考量。

第五章 “中国梦”是马克思主义“化中国”的生动体现

用马克思主义指导中国的具体实践，是基于中国的主体需要。同时，作为“化”中国、改造社会的指导思想，马克思主义有基本的世界观和方法论，对其科学的运用，最根本的就是对马克思主义立场、观点、方法的坚持。

一、“中国梦”对马克思主义立场的坚持

马克思主义始终立足于人民群众的基本立场，一以贯之地将最广大人民的根本利益作为革命、建设和改革不同历史阶段的行为动机和实践基点。这正是中国共产党人对马克思主义关于世界观、价值观的正确运用和有力践行，“中国梦”立足人民立场，把中国道路、中国精神、中国力量辩证统一于实现中华民族伟大复兴的历史征程中。

中国道路是在马克思主义基本原理与中国实际双向需要、良性互动的基础上，于革命、建设、改革的历史进程中走出来的一条本质区别于西方资本主义道路、形式有别于其他社会主义国家的根本道路，最终指向中国现代化与中华民族的伟大复兴。回望寻路历史，中华儿女历经千辛万苦、倾注汗水和智慧，终于在共产党的领导下，饱受凌辱磨难的中华民族站起来、富起来、强起来，一路走来实属

来之不易。最宝贵的经验就是，这条路是从五千年的文明传承中总结近代170多年的屈辱、接续探索70年而形成的伟大实践。不但符合中华民族的根本利益，也顺应了世界其他民族的期待。展望未来，这条具有历史基础、理论指导、时代需要的道路必将展现出强大的生命力与光明的前途。所以我们一定要坚持道路自信、理论自信、制度自信，坚定地走中国特色社会主义道路，全力为中华民族伟大复兴贡献力量。

中国精神是中华民族自立于世界民族之林、凝聚中华儿女共同创造强盛国家的精神支撑，是以爱国主义为核心的民族精神和以改革创新为核心的时代精神。当前，我国正处于爬坡过坎、社会转型、改革攻坚等多期叠加的关键阶段，两极分化、道德失范、四大危险等矛盾和问题愈加突出，西方对我国意识形态渗透、遏制愈加强烈。面对世所罕见的挑战、难以预料的风险、艰巨繁重的任务，如何凝聚力量、形成共识，更好推进重要领域的改革，历史和经验告诉我们就是要推进马克思主义中国化。“中国梦”就是汇聚中国精神的伟大旗帜，号召全体中国人民继承、弘扬中国精神，激发圆梦动力，推动中国不断前行。

中国力量是在中国共产党的领导下全国各族人民力量的凝聚，是数以亿计中华儿女团结的力量，是实现“中国梦”的依靠力量。改革开放以来，随着利益分配格局发生变化，获益的社会群体也发生了分化，主要体现为利益主体多元化。这相应的也伴生了人们思想观念的多样化，体现为人们思想观念更具独立性与差异性。如何在尊重多样性的基础上凝聚全社会的思想形成共识，如何处理意识形态一元化与多元需求之间的矛盾，历史和经验告诉我们就是要推进马克思主义中国化。“中国梦”以中国共产党为坚强领导核心，把各地方、各阶层、各领域的智慧和力量凝聚起来，在“求同存异”中推动国内外一切可以调动的积极因素，形成实现“中国梦”的强大合力。

总之，实现“中国梦”必须坚持中国道路、弘扬中国精神、凝聚中国力量。这是对人类理想作出的中国特色的表述，也是对中华民族实现民族复兴梦想的指引，最终坚持马克思主义立场。

二、“中国梦”对马克思主义观点的坚持

“马克思主义观点是马克思主义关于自然、社会和人类思维规律的科学认识，是对自然界规律和人类社会实践经验的科学总结，是改造客观世界和主观世界的思想武器”①。“中国梦”运用马克思主义观点分析当前中国国情、人民需要、现实实践，解决改革发展中实际存在的问题，坚持和发展了马克思主义。

“中国梦”的提出因应了现实需要。源于西方的马克思主义能够在世界东方的中国扎根并不断发展，除了其本身所具有的科学与革命特性，根本在于其因应了近代中国的现实需要。中华人民共和国成立 70 年来，我们党在理论与实践层面紧紧围绕如何认识和对待“马克思主义与社会主义”而不懈探索，最终形成科学认知，并取得举世瞩目的伟大成就。但是，处在新的历史起点上，“我们正在进行具有许多新的历史特点的伟大斗争，面临的挑战和苦难前所未有”②。

---

① 韩庆祥，陈远章．马克思主义中国化时代化大众化的典范［N］．光明日报，2013－08－19（001）．

② 习近平．意识形态工作是党的一项极端重要的工作［J］．党史纵横，2013（10）：1．

以习近平为核心的党中央适时提出“中国梦”，这一理想目标将历史、现实、未来相统一，国家、民族、个人相统一，中国道路、中国精神、中国力量相统一，运用马克思主义观点对中国的时代特征与前途命运进行深刻分析，形成历史与逻辑、宏观与微观、一般与个别相一致的认识，以及对人类社会发展规律的新认识，丰富了中国特色社会主义理论体系的内涵，更彰显出马克思主义的时代性和世界性特征。

“中国梦”的提出破解了时代难题。“问题是时代的声音，每个时代总有属于它自己的问题”①。因而，人类认识和改造世界天然的伴随着发现问题与解决问题。习近平总书记曾指出，“我们共产党人干革命、搞建设、抓改革，从来都是为了解决中国的现实问题。”②当今世界格局深度调整、综合国力激烈竞争、社会变革复杂深刻，新问题、新矛盾层出不穷、叠加交织，风险挑战难以预见、世所罕见。经济安全、政治安全、文化安全、军事安全、网络安全等问题成为我们面临的突出问题。“中国梦”立足我国所处的国内外环境，既清醒认识国际格局的变化对中国的意义，又准确把握国内改革发展的艰巨任务，把“五位一体”建设纳入社会主义现代化与中华民族伟大复兴的大框架之中，由“四个全面”具体引领指导，实现“两个百年”奋斗目标，实现具体展现在政治、经济、文化、社会、生态不同方面的美好梦想。时代难题的破解也就有了方法指导，这种科学的目标指引为我们提供了借鉴。

“中国梦”的提出引领了时代潮流。马克思主义中国化只有走在

① 刘云山．增强问题意识　坚持问题导向［J］．党建，2014（6）：6-9.

② 刘云山．增强问题意识　坚持问题导向［J］．党建，2014（6）：6-9.

时代前列，才能走在世界前列，才能更有效地发挥理论的指导作用。在把握国际局势与世界潮流中，习近平总书记深知中国的前途与世界命运息息相关，提出“中国梦”，对中国道路、中华民族伟大复兴作出科学而全面的阐释，倡导“中国梦”是和平、发展、合作、共赢的梦，从实践的逻辑上回答了“中国梦”的“命运共同体”理念；指出“中国梦”与世界各国的梦想是相通的，共同有着追求成功与幸福的愿望，是一个极具包容性的梦想，从理论的逻辑上回答了不要夸大梦想的不同，因为正是不同才有了相通的需要与可能；承认“中国梦”给世界带来了一种新的世界观，实现“中国梦”的中国将为世界文明作出更大贡献，从文明的逻辑上回答了不同的文明有不同的发展模式与价值标准，一个国家或民族的自由发展是世界其他国家、民族发展的前提。“中国梦”表现出了包容性、全球性、文明性的战略思维，彰显了中华民族的博大胸怀与大国的担当意识，树立了一个良好的国际形象。

总之，无论是基于时代需要，还是直面时代难题，“中国梦”的提出，坚持马克思主义的观点，因应时代使命赋予的历史任务，成功走在时代的前列而不被时代洪流抛弃。

三、“中国梦”对马克思主义方法的坚持

“理论一经掌握群众，也会变成物质力量。”[①] 但是由于理论其自身的抽象性，人民群众不易理解，需要通过一定的方法，以通俗易懂的语言及思维阐释理论，然后为群众所理解和接受。“中国梦”运

---

① 中共中央马克思恩格斯列宁斯大林著作编译局. 马克思恩格斯选集（第 1 卷）[M]. 北京：人民出版社，2012：9.

用马克思主义的唯物辩证、实事求是、群众路线的思想方法和工作方法，用大众化、生活化的语言对中华民族进而是全人类的共同美好梦想作出表述，彰显出的浓厚情怀和突出品格均被赋予“接地气”的底色，大众化的特征更为凸显。

“中国梦”朝大众生活转向。推动马克思主义大众化，就是要运用人民喜闻乐见、易于理解的生活话语向人民阐释马克思主义基本原理，关注与人民密切相关的现实问题，回应和解答人民的现实期待，使马克思主义走进人民生活。只有这样才能维护大众利益、抓住大众心理。“中国梦”坚持走群众路线，把人民渴望幸福的个人追求与国家寻求富强的国家目标相统一，用通俗易懂的语言既让老百姓理解了国家目标非政治口号的真实性，又让老百姓看到个人梦想非空中楼阁的现实性，从而赢得群众对“中国梦”的认同、对党和国家路线方针政策的拥护，真正实现理论政策与大众生活的良性互动，凝聚起全国人民的力量，形成中华民族复兴的强大动力。

“中国梦”向大众话语转换。马克思主义理论能够为人民群众所掌握，一个不可规避的原因就是从形式上吸引大众，引导大众有兴趣了解，在感知的基础上，达到对马克思主义的认同。“中国梦”之所以一经提出就引起大众的热情探讨，根本原因就是用最通俗的语言、最形象的思维向大众解读了中华民族的伟大复兴，阐释了“中国梦”归根结底就是人民的梦，阐明了中国特色社会主义道路。这种表达不像以往的文件语言重视政治性而导致语言严肃，它尝试突破当代中国的政治话语体系，达到文件宣传与话语表达、政治目标与生活情趣相统一，从而实现由理论话语、政治话语向生活话语的转换，最终达到人民大众对“中国梦”的价值目标的广泛认同。

“中国梦”往大众实践转移。人民群众是历史的创造者，人民群众的实践是物质力量和精神力量相统一的实践。要实现马克思主义大众化，就必须重视人民群众的力量、尊重人民大众的实践，在此基础上推动马克思主义成为人民群众所掌握的“内化于心、外化于行”的物质力量。但是人民大众能否团结凝聚，共谋进取是一个时代难题。“中国梦”就是一个为人民谋福祉、靠人民实现的共同理想。为实现“中国梦”而进行的“为民务实清廉”群众路线教育实践活动，解决与人民群众密切相关的现实利益问题，时刻与人民站在一起，为民谋利、情为民系，将各地区、各阶层、各领域的群众凝聚在一起，使他们真正拥护、真实参与、真心支持，转化成攻坚克难的磅礴力量，共同投身到实现社会主义现代化与中华民族伟大复兴的实践中去。

总之，“中国梦”这样一种表达方式拉近了与人民大众的距离，其对马克思主义方法的坚持和运用，使得“中国梦”达到朝大众生活转向、向大众表达转换、往大众实践转移的效果。

第六章 “中国梦”是马克思主义“中国化”的结晶提升

马克思主义“化中国”就是要把具有科学性和真理性的马克思主义基本原理施加于社会发展和人民需求的具体实际，破解实践中不断涌现出来的难题。“中国梦”面向历史和现实，准确把握现阶段基本国情的新特征、回应人民群众的新期待、总结现代化建设的新实践，科学回答了“实现什么样的梦想，怎样实现梦想”这一时代命题，对党的执政理念、话语体系、中国特色社会主义实现了一个有层次、有规律的认知，开辟了马克思主义中国化的新境界。

一、党执政理念新升华

习近平总书记对于“中国梦”的论述，对“为谁执政、谁来执政、怎样执政”进行了条理清晰的回答，使我们党的执政理念得以升华，形成更加充实、更为完善的执政目标、执政宗旨、执政路径。

第一，“中国梦”承载和拓展了党的执政目标。中国共产党在社会主义现代化建设中的领导核心地位是由历史和人民选择的，她的执政目标与我国伟大的社会主义建设预定的目标高度一致。中国共产党第十八次全国代表大会对社会主义的发展目标进行了又一次总结，提出要建设一个“富强、民主、文明与和谐”的社会主义现代化国家。习近平总书记提及的“中国梦”，客观上就是要实现国富民强，人民安居乐业。显然，这是分别基于历史观照、使命担当、现实关怀的综合视角，强调了中国共产党为国家、民族、人民利益艰苦奋斗的责任担当，以及为实现民族伟大复兴坚不可摧的决心。同时，国家、民族、人民三个层面发展的有机统一构成的伟大理想，对“实现全面建成小康社会、建成富强民主文明和谐的社会主义现代化国家的奋斗目标，实现中华民族伟大复兴的中国梦”① 进行了进一步的拓展和深化，对党的执政目标有了更亲切、更清醒的认识，体现了马克思主义执政党求真务实的优良作风和高瞻远瞩的战略眼光。

第二，“中国梦”体现和深化了党的执政宗旨。在领导中国革命、建设、改革的长期实践过程中，中国共产党形成了“立党为公，执政为民”的执政理念。习总书记强调，“中国梦归根到底是人民的梦”②。这是对中国共产党为谁执政、为谁服务的明确回答，深深体现了党全心全意为人民服务的宗旨。同时，习总书记还指出，让“生活在我们伟大祖国和伟大时代的中国人民，共同享有人生出彩的机会，共同享有梦想成真的机会，共同享有同祖国和时代一起成长与进步的机会”③。“三个共同”进一步深化了在圆梦过程中，我们党和国家为每个中国人实现梦想提供参与公平、机会均等的条件，让

---

① 习近平. 在第十二届全国人民代表大会第一次会议上的讲话［M］. 北京：人民出版社，2013：3.

② 中共中央文献研究室. 习近平关于实现中华民族伟大复兴的中国梦论述摘编［M］. 北京：中央文献出版社，2013：16.

③ 习近平. 在第十二届全国人民代表大会第一次会议上的讲话［M］. 北京：人民出版社，2013：5.

人更加真切地感受到人民既是梦想追逐者也是梦想的受惠者，实现"中国梦"必须紧紧依赖人民。

第三，"中国梦"指明和修缮了中国共产党的执政进路。习近平总书记明确讲到，实现"中国梦"必须坚持中国道路、中国精神、中国力量的有机统一，三者相互依存，相得益彰，缺一不可，更加清晰地指明了实现中华民族伟大复兴的基本路径。同时，让我们看到实现"中国梦"是一个长期的、系统的工程。中国特色社会主义道路是历经艰辛探索与反复实践证明的实现民族复兴的正确道路，中国精神是中华民族文明积淀与薪火相传的、凝聚全体中国人民的核心精神，中国力量是融智慧与信念、变梦想为现实的磅礴力量。只有在坚持道路自信、理论自信、制度自信的基础上，才能实现中华民族的自强，这就进一步完善了党的执政进路。

二、话语体系新突破

"中国梦"是在同马克思主义及中国历史文化相结合，与现代化理念不断碰撞的基础上，立足中国实践而形成的具有中国特色的话语体系。新一代领导集体将我们党提出的实现中华民族伟大复兴奋斗目标与中国特色社会主义建设的总任务进行了高度提炼与概括，聚焦到"中国梦"三个关键字上，形成了老百姓喜闻乐见、通俗易懂的表述。这一表述彰显出特色鲜明的民族情结、时代潮流、大众情怀。当今世界，各国通过梦想来提振人心、实现目标已成为一种潮流。"中国梦"因其厚重的历史底蕴与丰富的文化元素对世界各国具有极大的感召力，也正因为其内容和形式的大众化，所以对人民群众形成极强的凝聚力。"中国梦"的提出为坚持和发展中国特色社会主义注入新的内涵，也为未来中国掌握话语主动权指明了方向。

“中国梦”从根本上解决了中国话语与世界认同、中华文化与世界文明、中国故事与中国问题、中国历史与中国世界观等一系列存在理念冲突、实践矛盾的时代难题，实现了话语的创新，促进了政治话语的转型和世界话语的接轨。其主要体现为以下四个方面：

第一，从受众层面看，“中国梦”衔接了精英话语与大众话语。由于精英话语与大众话语立于不同的价值立场，所追求和表达的效果不同，两种话语之间的差异性更为学者们所关注。无形中，两种话语之间有了极大的隔阂，体现出对立的联系。“中国梦”则明显地呈现出两者的内在关联，衔接了两种话语。一方面，社会精英能够围绕习近平总书记关于“中国梦”的系列讲话作出多维度的解读，论证其科学性，建构具有世界认同而又逻辑严密的精英话语体系；另一方面，一般民众也能够从这样一个易懂易记而又不落俗套的话语中，产生对“中国梦”的情感追求与个人认同。作为一个既可以为社会精英诠释又能为一般民众接受的命题，均考虑到了双方的话语诉求与理解表达，寻找到了双方能够达成共识和形成交集的共同面，达到精英话语与大众话语的有机统一。

第二，从学术层面看，“中国梦”联结了政治话语与学术话语。以习近平为核心的党中央将实现国家、民族、个人利益相统一为落脚点，规划了“两个一百年”奋斗目标与中华民族伟大复兴的梦想，揭示了实现美好蓝图的道路、精神、力量、制度等基本条件，将执政理念与政治决策、执政遵循与政治智慧体现得淋漓尽致。同时要看到，作为政治话语的“中国梦”与以往晦涩的、严肃的风格不同，更多的是通过包容的、中性的风格展现共产党执政的合法性，凝聚社会共识。这就给予了学者们进行学术探求、给予学术支持与学理支撑的更多机会。学术话语就有助于厘清“中国梦”政治话语的历史背景、现实意义、基本内涵和实现途径，使政治话语的针对性有效提高、解释力切实增强。

第三，从转型层面看，“中国梦”调和了现代话语与传统话语。中国特色社会主义的总任务是实现社会主义现代化和中华民族伟大复兴，“中国梦”不可避免地要与现代化联系起来。中国走向现代化的过程就是中华民族不断追梦的过程，中国特色社会主义贯穿其中。在这样的语境与背景之中，“中国梦”被赋予了现代话语的特征。另外，“中国梦”是中华民族从五千年文明的历史传承中走出来，从近代百年来梦想追求的艰辛探索中走出来，既有对辉煌历史的见证，又有对中华文明的认同，使“中国梦”呈现出浓厚的、传统的话语风格。因而，“中国梦”将现代话语与传统话语调和起来，并使之在一定条件下发生转换，消除了二者之间的鸿沟。

第四，从对话层面看，“中国梦”打通了民族话语与世界话语。在融入世界的过程中，“中国梦”的提出对中国道路、中国经验、中国模式等世人关注的焦点进行了具有中国特色、中国风格、中国气派的体系建构，将中国传统文化中的价值追求与精神传承转化为契合时代潮流的话语表达，形成了具有中华民族特色的民族话语。同时，在世界各国追逐梦想的过程中面临着价值观念相异、利益诉求相悖的困境。而“中国梦”表达出一种与世界各国梦想相同、发展相融的态度，彰显出一种开放、包容的心态。“中国梦”打通了民族话语与世界话语，使之成为一个辩证统一体，在世界文明大道上，以有效方式加强与世界各国的交流而树立中国的良好国际形象，以传统文化精髓冲破西方话语体系的垄断而建构中国的话语权。

三、中国特色社会主义新认识

在对文化传承、时代潮流、现实问题的科学把握之上，“中国梦”形成了关于中国特色社会主义的本质属性、战略布局、发展规律、历史渊源、世界意义的一系列新认识。

第一，深化了对中国特色社会主义本质属性的认识。与社会主义的本质紧密相连，在一个人民当家做主的社会主义国度，社会公平正义与人民共同富裕是中国特色社会主义的本质体现。“中国梦”把集体宏大利益与个体微观诉求有机统一，从国家、民族、个人三个层面阐述“每个人的前途命运都与国家和民族的前途命运紧密相连”①，同时又强调“中国梦是中华民族的梦，也是每个中国人的梦”②，使我们真切感受到“中国梦”对两大主体不同利益兼顾的关切、对经济社会“持续发展”与人“全面发展”相统一的关照。在新形势下，深刻体现了中国特色社会主义的本质属性。

第二，深化了对中国特色社会主义发展战略的认识。在不同历史时期，我们党总是根据时代潮流与人民需求提出为之奋斗的目标。自党成立，就肩负起实现“民族独立、人民解放”和“国家富强、人民富裕”的双重历史任务，直接指向实现中华民族伟大复兴，在领导和带领全国各族人民的历史进程中，严格遵循社会主义初级阶

① 中共中央文献研究室. 习近平关于实现中华民族伟大复兴的中国梦论述摘编[M]. 北京：中央文献出版社，2013：3－4.

② 中共中央文献研究室. 习近平关于实现中华民族伟大复兴的中国梦论述摘编[M]. 北京：中央文献出版社，2013：16.

段这一最实际的基本国情、社情，科学构建了以经济、政治、社会、文化、生态为主要内容的“五位一体”战略布局，凝练出以现代化和民族复兴为主题的中国特色社会主义总任务。以“国富民强”为基本内涵的“中国梦”与以“富强、民主、文明、和谐与美丽”为指向的“五位一体”目标默契地达成了高度一致，体现出“两个一百年”奋斗目标与现代化建设及民族复兴的深度交融，无论是从理论认知层面还是实践行动层面，都强化和夯实了中国共产党对中国特色社会主义的任务谋划，形成了对中国特色社会主义战略布局的新认识。

第三，深化了对中国特色社会主义发展规律的认识。在对“什么是中国特色社会主义，如何坚持和发展中国特色社会主义”的探索中，中国共产党人总结建党 90 多年的历史经验，把改革开放前的执着探索与改革开放后的成功实践相统一，获得一个规律性的认识，即在当代中国，对马克思主义和中国特色社会主义的坚持和发展，其中最为关键的就是必须要从道路、精神与力量层面着手，突出中国特色[①]。“中国梦”首次明确地从道路、精神、力量三个维度对圆梦的可行进路、依靠的精神支撑和主体力量三个层面进行阐述，为推进中华民族的伟大复兴指明了在这一过程中必须具备的基本条件，深刻揭示了中国特色社会主义的发展规律，为“中国梦”圆梦指明了方向，提供了方法。

第四，深化了对中国特色社会主义历史渊源的认识。鸦片战争后，中华民族遭受了深重的灾难。为改变民族的命运，先进的中国

① 刘建武. 中国梦与马克思主义中国化的新境界 [J]. 毛泽东研究，2015 (1)：19—26.

人进行了艰辛的探索，均以失败告终。回首昨天，直到历史和人民选择共产党的领导，贫穷苦难的旧中国才展现出现代中国的气息。在毛泽东的带领下，新中国成立，并为建设一个强大而可亲的强国而奋斗，中华民族从此“站”起来。面向今天，邓小平提出“走自己的路，建设有中国的特色社会主义”，通过改革开放取得举世瞩目的成就，中华民族开始“富”起来。展望明天，全面建成小康社会、完成社会主义现代化、实现中华民族伟大复兴，中华民族必然“强”起来。“中国梦”将历史、现实、未来紧密联系，以实现中华民族伟大复兴为轴串联起一代代仁人志士的不懈追求，展现了中国共产党人在追寻中华民族伟大复兴进程中，对社会主义的接续探索。在承前启后的关键阶段，对梦想的承继性追求与独特性奋斗将会使中国特色社会主义释放伟大磅礴的力量。

第五，深化了对中国特色社会主义世界意义的认识。建设中国特色社会主义的实践让我们认识到中国的发展与世界的繁荣是密不可分的，二者共荣共辱。建设持久和平、共同繁荣的和谐世界是中国特色社会主义的本质要求。“中国梦”把中国、世界、人类命运紧密联系，强调“中国梦不仅致力于中国自身发展，也强调对世界的责任和贡献；不仅造福中国人民，而且造福世界人民”[①]，找到了中国与世界和谐共荣的理念基础、利益纽带和实现途径，为建立一个真正的命运共同体作出更大贡献，在新的历史起点上，诠释了中国特色社会主义带来的是机遇、和平、进步，而非威胁、动荡、倒退。

① 中共中央文献研究室. 习近平关于实现中华民族伟大复兴的中国梦论述摘编[M]. 北京：中央文献出版社，2013：70.

本篇小结

本篇以马克思主义中国化的中国向度为视角，考察了“中国梦”的贡献，得出，“中国梦”是马克思主义“化中国”的生动体现，“中国梦”是马克思主义中国化的结晶提升。

运用马克思主义“化中国”就在于对马克思主义立场、观点、方法的坚持和运用，拉近与人民大众的距离。“中国梦”立足人民立场，把中国道路、中国精神、中国力量辩证统一于实现中华民族伟大复兴的历史征程中；运用马克思主义观点分析当前中国国情、人民需要、现实实践，解决改革发展中实际存在的问题，坚持和发展了马克思主义；运用马克思主义的唯物辩证、实事求是、群众路线的思想方法和工作方法，用大众化、生活化的语言对中华民族进而包括全人类的共同美好梦想作出表述。“中国梦”彰显出的浓厚情怀和突出品格均被赋予“接地气”的底色，凸显出大众化的特征，推动马克思主义向大众生活、大众表达、大众实践转向。

实现马克思主义“中国化”就必须总结运用马克思主义解决中国实践难题的经验，并对其进行理论提升。“中国梦”面向历史和现实，准确把握现阶段基本国情的新特征、回应人民群众的新期待、总结现代化建设的新实践，科学回答了“实现什么样的梦想，怎样实现梦想”这一时代命题。对党的执政理念、话语体系、中国特色社会主义实现了一个有层次、有规律的认知，开辟了马克思主义中国化的新境界。“中国梦”承载和拓展了党的执政目标，体现和深化了党的执政宗旨，指明和修缮了中国共产党的执政路径。“中国梦”衔接了精英话语与大众话语，联结了政治话语与学术话语，调和了现代话语与传统话语，打通了民族话语与世界话语。“中国梦”形成了关于中国特色社会主义的本质属性、战略布局、发展规律、历史渊源、世界意义的一系列新认识。

第四篇 “中国梦”拓宽马克思主义中国化的新视野

凡是民族作为民族所做的事情，都是他们为人类社会而做的事情，他们的全部价值仅仅在于：每个民族都为其他民族完成了人类从中经历了自己发展的一个主要的使命（主要的方面）。[①]

——马克思

中华民族是爱好和平的民族。消除战争，实现和平，是近代以后中国人民最迫切、最深厚的愿望。走和平发展道路，是中华民族优秀文化传统的传承和发展，也是中国人民从近代以后苦难遭遇中得出的必然结论。中国人民对战争带来的苦难有着刻骨铭心的记忆，对和平有着孜孜不倦的追求，十分珍惜和平安定的生活。中国人民怕的就是动荡，求的就是稳定，盼的就是天下太平。[②]

——习近平

---

① 中共中央马克思恩格斯列宁斯大林著作编译局. 马克思恩格斯全集（第 42 卷）[M]. 北京：人民出版社，1979：257.

② 中共中央文献研究室. 习近平关于实现中华民族伟大复兴的中国梦论述摘编[M]. 北京：中央文献出版社，2013：70.

本篇以马克思主义中国化的“世界向度”为视角，探讨“中国梦”对马克思主义中国化的贡献。随着全球一体化程度日益加深、信息化飞速发展，地域之间的联系日益密切。马克思主义的创新和发展就需要保持对世界的更多关注。正如列宁同志所提及的“马克思主义与‘宗派主义’丝毫不同，它绝对不是脱离世界文明发展轨道而凭空捏造出来的一种教条式、僵硬化的流派，与之相反的是，马克思之所以被认为是天才，是因为他系统地对人类相关的先进思想提出的疑问进行了科学解答”①。“中国梦”在马克思主义中国化进程中，同时关注着民族问题和世界问题，在准确把握世情、国情的基础上，实现了理论与现实的良性互动，拓宽了马克思主义中国化的国际视野。

---

① 中共中央马克思恩格斯列宁斯大林著作编译局．列宁选集（第二卷）［M］．北京：人民出版社，1995：309．

第七章　国际视野中的“中国梦”

自习近平总书记提出“中国梦”以来，不仅国内议论热情高涨，还掀起了国外研究“中国梦”的热情。国外研究或从国际社会、或从国家本身两个视角出发，形成了对“中国梦”的多样性认识。这有利于将“中国梦”与“美国梦”“欧洲梦”进行横向上的比较，从而得出“中国梦”的世界意义与比较优势。

一、海外对“中国梦”的认识

国际社会对“中国梦”的认识归纳起来，主要有两种：一是认为“中国梦”与本国梦、世界梦相通，所以持乐观态度、客观评价；二是认为“中国梦”与本国梦、世界梦不相容，所以持悲观态度、主观评价。

（一）对“中国梦”的积极评价

总结海外对“中国梦”的客观评价，认为“中国梦”与世界梦相通，给世界带来了机遇，在共同分享、共同参与之下，必然带来的是“和平、发展、合作、共赢”。得出这样的认识，是因为他们能够看到“中国梦”的“重点是在国内而非国外”。

“中国梦”是和谐世界梦。“中国梦”要实现除了需要良好的国内环境，还需要稳定的外部环境。中国要想实现跨越式发展，就必须关注世界的需求，建设一个能够持久和平、共同繁荣的和谐世界就成为内在要求。古斯塔夫·格拉茨认为“中国梦”是一个促进世界和平发展的伟大构想，构建和谐共融的世界秩序是其一大动机，同时也在客观上尊重了各国的发展现状和特征，并利于实现全球共荣①。

“中国梦”是和平发展梦。作为全球第二大经济体，中国的经济发展必然为世界疲软经济的复苏带来机会。世界各国也在奋发实现本国的梦想，这种发展的交汇会给世界各国人民相互帮助、相互扶持提供信赖。罗伯特·劳伦斯·库恩（Robert Lawrence Kuhn）曾指出，在世界日趋一体化新阶段，中国共产党领导下的中华民族追逐“中国梦”的这一伟大实践将毫无疑问地给世界创造出无限的实惠和机遇。中国人民的生活水平越高、消费能力越强，就会相应地从国际市场进口更多的商品，也就能为世界市场引致出更多的就业岗位和财富积累，这必将在全球范围内产生涟漪效应。②

“中国梦”是合作繁荣梦。在经济全球化的大背景下，随着世界各国交集的增多，只有增强合作，共识才能不断增多。合作成为大趋势，“中国梦”也必将成为世界各国同做的“世界大梦”。古斯塔夫·格拉茨（Gustaaf Geeraerts）曾经讲道，“中国梦”的目标与路径均旨在构建一个平等、信任、互惠的世界新秩序，极大地有利于公共安全，并能促进世界文化的多元发展，毋庸置疑，这样的合作

---

① 中国梦正在发挥巨大感召力——“中国梦的世界对话”国际研讨会发言摘编[N]. 人民日报，2013-12-12（015）.

② 罗伯特·劳伦斯·库恩. 中国梦的五大层面[N]. 社会科学报，2013-12-12（007）.

必定是共赢之举。[①]

“中国梦”是互利共赢梦。中国人民的梦想和各国人民的梦想紧密相连。中华民族是一个秉持“既以为人，己愈有；既以与人，己愈多”的民族，互利共赢是其基本原则。著名的拉丁美洲问题研究专家萨特亚·帕特纳亚克（Satya Pattnayak）也明确指出，如若中国能在拉美国家进行大宗的贸易往来和金融投资，这将是互利共赢的。[②]

（二）对“中国梦”的主观偏见

由于国外媒体对中国的“唱衰”与“捧杀”，许多人对“中国梦”怀有敌意，认为“中国梦”与世界梦是不相容的，中华民族复兴将给中国的邻国及所在区域带来威胁与动乱，给世界带来的也是噩梦。主要有两种观点：

第一，认为“中国梦”充斥着过强的“民族主义”。作为中国领导人推动的整个中华民族复兴的梦想将会在中国的经济力量与军事力量膨胀之时激起极强的民族主义情绪，唤起中国人重建历史上大国的行动。哈佛大学罗伯特·罗斯（Robert Ross）教授认为，之所以提出“中国梦”，是缘于中华民族整个民族高昂情绪使然，“中国梦”激起了中国人民对历史过往的诸多回忆与念想，在某种程度上也点燃了中华民族对近现代以来受侵受辱往事的羞耻，因而，“中国梦”仅仅是在民主主义和威权主义内核的基础上披上了一件情感外

---

① 中国梦正在发挥巨大感召力——“中国梦的世界对话”国际研讨会发言摘编[N]. 人民日报，2013-12-12（015）.

② 季明，许晓青，朱翃. “中国梦”惠及世界人民［EB/OL］.（2013-03-26）［2018-10-23］. http://news.xinhuanet.com/mrdx/2013-03/26/c_132262225.htm.

衣罢了。[①]

第二，认为“中国梦”蕴含着强烈的“霸权意味”。“中国梦”是一种对内增加财富、对外增强国力的国家梦。中国将成为一个脱离外部强国主导、施加自己意志于世界的超级大国。它有可能会成为第二个美国，超越其他国家和民族成为世界霸主。罗德里克·麦克法夸尔教授认为，“中国梦”是“建设一个越来越强大的中国”，一个亚洲人和非洲人乃至西方人都“将屈从”的世界大国[②]。

（三）问题分析

分析海外对“中国梦”形成的两种对立认知，其原因如下：

第一，海外专家学者理解“中国梦”过于主观，脱离了中国实际。关于“中国梦”，大多数人都会从自身已积累的经验出发来解读。但“中国梦”的形成有特定的时代背景、文化意蕴与现实基础，如果不熟悉中国的历史和现实，单凭现实的经验去理解“中国梦”就会陷入先入为主的窠臼，得出所谓绝对的“正确与错误”。一些西方学者就是脱离了中国的历史和现实，而习惯性从自身立场与视角来看待“中国梦”，形成对中国事物的习惯性思维。例如，西方把“国”与“家”分开，认为“国”是因为“家”的需要而建立起来，强调个人主义。正相反，中国强调没有“国”就没有“家”，主张集体利益至上。这就是因为西方不了解近代 170 多年以来中国人民追求民族独立、人民解放历史，更不能体会一个具有五千年文明的国

---

① ANDREW NATHAN，ROBERT ROSS. The Great Wall and the Empty Fortress：China Search for Security［M］. W. W. Norton，1997，30.

② Ouyang Bin. Deciphering Xi Jinping's dream［EB/OL］.（2013－11－07）［2018－10－23］. http：//www. chinafile. com/deciphering－xi－jinpings－dream.

度渴望为世界文明作出贡献的急迫心情。所以他们只能主观地认为“中国梦”终究是国家梦而非个人的梦，“中国梦”终究是要建立中国的“霸主地位”。

第二，海外专家学者理解“中国梦”囿于意识形态与发展模式，忽略了文明的包容性。由于两种社会形态的差异，再加上资本主义特有的自我优越感，催生出对社会主义的先天排斥。随着全球化的趋势，这种排斥更加隐性化。另外，西方媒体一直以来对中国的“妖魔化”宣传。这些均造成了西方学者对“中国梦”产生误解。在此基础上，他们滋生出对中国发展模式的不认同。他们认为，同样是要实现现代化，中国却走一条与西方相异的道路，背离西方的价值观，故把中国视为异端，戴有色眼镜观察中国。其实他们忽略了，中国模式为其他发展中国家的现代化提供借鉴的积极意义。例如，许多人把“中国梦”与“美国梦”对立起来，认为“中国梦”对以美国为首的西方价值观构成了威胁，二者不能相容；认为“中国梦”就是称霸世界，回复到历史上的帝国盛世。

第三，我们没有向国际社会讲清楚“中国梦”。国外学者对中国历史的熟悉程度各不相同，研究立场也受意识形态支配，不可避免地会对“中国梦”产生以偏概全的主观性认知，这就要求我们要向国际社会讲清楚“中国梦”。首先，用国际化的语言、思维方式将“中国梦”的内涵讲清楚，尤其是国际内涵；其次，要有侧重、有针对性地阐释“中国梦”；最后，创新宣传方式，让国际社会更好地了解中国的历史和文化，最终获得国际社会对“中国梦”的认同，避免类似“中国梦只是一个宣传口号，没有丰富的内涵；中国梦就是要使中国成为超级大国的梦想”等观点重新抬头与扩大。

二、与世界共享的和平发展之梦

中国能够快速发展也得益于中华民族伟大梦想的持续激励。作为动力之源，可以说不同的理想具有相似的功效。“中国梦”指引下的中国却因走不同于西方发展道路而饱受质疑。对“中国梦”“美国梦”“欧洲梦”等三大梦想的比较，既可以找寻到其共性，也可以凸显出各自特殊性，进而表明“中国梦”的合理性。

（一）“中国梦”与“美国梦”“欧洲梦”的比较

“中国梦”“美国梦”“欧洲梦”分别体现了中国人民、美国人民、欧洲人民对未来幸福生活和理想社会的向往，具有相同之处：第一，三个梦想都内在隐含了“只有奋斗，才能创造美好生活和光明前途”的意蕴；第二，三个梦想都直接指明了“人民是梦想的践行者和受惠者”；第三，三个梦想都清晰表达了“每个国家都有梦想”；第四，三个梦想都真实展现了“无论何种梦想，均会对世界产生影响”。但是，不同的地缘环境、差异的文化传统构成的独特国情造就了三个梦想的独立性差异。其主要表现为以下几个方面：

第一，核心价值观方面的个人主义与集体主义的差别。“美国梦”与“欧洲梦”的价值观基础是个人主义，认为个人的价值与利益在限定范围内是至高无上的，不应受到任何约束。在这一统一认识基础上，以洛克的保护个人私有财产为基础的“美国梦”侧重于“物质的个人主义”，以康德的人权思想为基础的“欧洲梦”偏向于“精神的个人主义”。相反，“中国梦”强调集体主义，以社会主义核心价值观引领人民达成对“中国梦”的思想共识、激发“中国梦”的蕴含力量，形成实现“中国梦”的强大合力。

第二，奋斗目标方面的个人成功与民族振兴的不同。由于价值观的差别造就的奋斗目标的不同，以个人主义为核心的“美国梦”与“欧洲梦”侧重于强调个人成功，以集体主义为基础的“中国梦”更偏向于强调国家富强。除此之外，作为人口流动性极大的移民国家使美国更加强调个人获得的成功；对于历史悠久强盛、近代屈辱落后的中国，实现民族复兴就成为“中国梦”必然蕴含的题中之义；具有强烈地区保护主义且移民普遍的欧洲，为了维护既有生活品质又不影响欧洲福利制度，从而形成对美国的生活方式、发展中国家的竞争方式的排斥和抵制的奋斗目标。

第三，提出背景方面的萧条与繁荣的差异。在国民经济处于大萧条之时，为引领人民走出困境，亚当斯重提“美国梦”，指出“美国梦”的核心精神：通过自身的努力与奋斗改变现实的境遇。“中国梦”则于中国的发展处于上升势头之时提出，意在重大关头凝聚全国各族人民，更好地指引人民走向美好的未来。“欧洲梦”是在对第二次世界大战的反思中得出的对于现代化发展负面经验的科学认识，突出了对和平、对话、合作的深刻认识。

第四，实现条件方面的不同。作为一个移民国家，“美国梦”的实现依靠更多的是他国的移民精英，因而不重视个人的出身、民族、宗教，反而特别强调民主、自由、平等的政治理念，愿意为一个人取得成功提供机会。相反，中国是一个具有国家认同与民族情结、悠久历史的大国，因而“中国梦”的实现依靠的是13亿人民的力量，走的道路也是有别于他国、立足本国国情的独立自主道路。“欧洲梦”凝结着欧洲人民对于未来的美好追求，但是欧盟内部成员的众多、分歧的积累，使得“欧洲梦”的实现必须要走对话、合作的道路。

（二）“中国梦”的世界意义

实现中华民族伟大复兴的“中国梦”不可避免地会对世界政治经济产生影响，但这种影响一定是积极的、正面的。

第一，“中国梦”促进世界和谐共赢。随着全球化，世界各国已被紧密联系在一起，牺牲或无视他国利益，一个国家就难以获得长足的发展。中国要想取得发展就必须在与世界各国交往中，重视他国的正当利益，并给予合理关切。“中国梦”就是与世界各国共享机遇、共迎挑战、共担责任，实现互利共赢的梦想。在实现中华民族伟大复兴的进程中，中国在谋求本国发展的同时也会把本国人民利益与世界人民利益相统一，作为一个负责任的大国，以积极姿态与他国一道应对困难和挑战。“中国梦”的实现将会推动世界各国和谐共赢。

第二，“中国梦”为世界各国梦想的实现营造了和平环境。在实现中华民族伟大复兴的进程中，中国既需要稳定的国内环境，也需要和平的国际环境，新中国成立后，经过几代领导人带领人民艰苦奋斗，取得了巨大的成就。中国的稳定本身就给世界作出了贡献。当前，中国高举和平、发展、合作、共赢的旗帜，坚持和平共处五项原则，走出了一条和平发展道路，在维护世界和平与反对霸权主义中，主动贡献自己的力量，为世界各国实现梦想营造了和平的环境。

第三，“中国梦”具有浓厚的世界情怀。“中国梦”的世界情怀主要体现在其发展理念的包容性上。“中国梦”植根于“和而不同、求同存异”的中华文化，主张不同文明之间应交流借鉴，而非相互排斥。与时俱进的中华文明更渴望为世界文明作出更大贡献，而不是世界发展的绊脚石。“中国梦”顺应时代潮流，提倡与世界成为命运共同体，共谋发展。随着国力的增强，“中国梦”将给世界各国带来更多机遇和动力，减少发展风险。因而，“中国梦”必然是与“世界梦”相通、相容的梦想。

第四，“中国梦”为发展中国家提供有益借鉴。作为世界最大的发展中国家，中国经过 70 年的艰苦奋斗，取得了举世瞩目的成就，根本的原因就在于坚持走中国特色社会主义道路。40 年的成功实践，中国经济规模超越了发达国家，对世界经济增长贡献度最高。这毫无疑问为其他后发国家提供有益借鉴。同时，作为一个社会主义国家，其发展远远超过发达国家，也为其他国家实现本国梦想提供了除资本主义之外的其他可能性。首先是对于发展道路的选择要适合本国国情、顺应时代潮流；其次，以开放的心态迎接世界带来的机会与挑战；最后，要真抓实干才能实现梦想。

（三）“中国梦”的比较优势

实现中华民族的伟大复兴是海内外中华儿女自近代以来热切渴求的美好梦想。与“美国梦”“欧洲梦”相比，“中国梦”最大的优势就在于把中国特色社会主义作为内在支撑，具有和平性、共享性、和谐性、包容性，使我们在更接近目标的历史时期有能力、有信心实现梦想。

第一，“中国梦”的实现以和平崛起为前提。“中国梦”以实现中华民族伟大复兴为目标，民族的复兴必然伴随国家的崛起。但是与其他国家依靠扩张实现崛起不同，中国的崛起走的是一条和平的发展道路，即中国特色社会主义道路。新中国成立初期，国家一穷二白，依靠这条道路，经过 70 年的风雨兼程，成为当今世界的第二大经济体。

第二，“中国梦”的实现以合作共赢为原则。实现中华民族的复兴，中国选择的是合作共赢式发展而非对抗式的竞争。中国坚持和发展中国特色社会主义，绝不会与国际规则对抗，反而会积极接受和适应，通过深化改革、加快开放，中国的发展潜力得以迸发，发展活力得以实现。中国带给世界的不是挑战，而是机遇。

第三，“中国梦”的实现以提供借鉴为示范。世界各国几百年的发展经验告诉我们，各国在发展时不能脱离本国实际而照搬别国模式。“中国梦”的提出就是强调，世界各国都有梦想，世界就应具有多样性的发展模式。中国改革开放 40 年的发展成就为后发国家实现梦想树立了榜样，同时为发达国家实现梦想提供有益借鉴。

第八章 “中国梦”对马克思主义中国化国际视野的拓展

随着全球化进程加快，世界各国联系愈发紧密，作为一个无限开放的历史进程，马克思主义中国化的研究不能只停留在中国向度，还需要指向世界向度，最终形成纵向上的深入挖掘和横向上的良性互动。“中国梦”就是从全球化的视野和人类社会发展进步的高度，着眼中国实践，凝练出的具有中国特色、中国作风、中国气派的“中国经验”。这一经验具有独特性与普遍性，自觉形成了马克思主义中国化研究的开放视野，为中国马克思主义与世界马克思主义、中华文明与世界文明在国际视野中展开对话和交流发挥影响力，凸显了其世界价值，拓展了马克思主义中国化的国际视野。

一、为世界发展走向标定新航向

飞速发展的信息化助推全球化进程不断深入，相伴而生的是日益紧密的国家关系。在这种背景之下，一个国家要想获得长足发展就必须在关注本土问题和民族梦想的同时关注全球问题和世界梦想。习近平主席在就职后，主动出访五大洲的 14 个国家，在展望实现中华民族伟大复兴“中国梦”美好愿景的同时，向世界传递出开放、自信的中国愿同世界各国共圆梦想的真诚愿望，从政治维度，为世界发展走向标定新航向。

第一，“中国梦”并非冷战对抗之梦，而是通过和平发展实现永续发展的梦想。与通过武力扩张实现崛起的西方传统强国不同，中国走出了一条和平发展的崛起之路。通过“中国梦”，中国向世界展示出新的理念，和平发展是实现富裕幸福生活的首要前提，各国要想实现梦想就必须在这一基本条件下发展。“实现世界持久和平，让世界上每一个国家都有和平稳定的社会环境，让每一个国家的人民都能安居乐业，是我们的共同愿望。”① 中国仍将为维护世界与地区和平发挥重要作用。但是，冷战思维依然充斥在个别国家，他们企图通过“中国威胁论”“中国责任论”来“唱衰”“捧杀”中国，达到遏制中国发展的目的。近代以来，中国一直饱受战乱与动荡之苦，深知和平的意义。于是，极力谋求和平稳定的国际国内环境，终取得改革开放40年的辉煌业绩。当前，“中国梦”更是紧扣和平与发展的时代主题，主张加强对话、增进互信、谋求和平，摒弃对抗、猜忌、暴戾，形成顺应时代潮流、符合人类共同利益的新思维。这正是“中国梦”为世界持久和平与人类永续发展注入的中国理念，也是对质疑中国快速发展国家的有力回应。

第二，“中国梦”并非零和博弈之梦，而是通过合作发展实现互利共赢的梦想。当前的世界已成为一个历史与现实交汇、你中有我与我中有你共融的命运共同体。与推行国家保护主义、对外转嫁危机的有些国家不同，中国没有把国家之间的关系看成是一种“你荣我必损，你存我必亡”的零和博弈；相反，中国坚信人类同呼吸、

① 习近平．习近平谈治国理政（第一卷）[M]．北京：外文出版社，2018：323.

共命运，各国利益一致、休戚与共。在此观念之下，“中国梦”为世界重构了一幅各国密切合作、互利共赢的美好愿景。中国积极倡导世界各国加强合作交流、寻求互利共赢，坚决反对以牺牲别国利益、遏制他国发展而谋求自身发展的行径，严明主张义字当头、以义取利而非唯利是图、斤斤计较，着重强调充分尊重别国利益诉求和合理关切基础上的本国发展。中国相信，人类有相互包容的胸怀、共面困境的勇气、共解难题的智慧，在共享共担、互利互谅的合作基础上，实现各国人民“共同享受尊严”“共同享受发展成果”“共同享受安全保障”的和谐世界梦。①

第三，“中国梦”并非崛起称霸之梦，而是平等和谐之梦。当今中国身处一个充斥霸权思维却走向多极化的世界，个别国家推行霸权、采取单边主义，利用强权欺负弱小国家，并试图对不同社会制度国家、不同政见国家采取各种手段，用本国意识形态同化他国，达到称霸世界的目的。与之不同，中国实现了对霸权思维的突破与超越。“中国梦”主张在国际大家庭中无论国家强弱、贫富、大小，都应是互相尊重、平等相待。在尊重世界多样性的同时，承认各国的差异性，实现求同存异中的和谐共生。应当承认，西方所宣扬的“普世价值”并非普遍适用的良方，各国人民应在独立自主发展中与本国实际相结合，找到适合自己的发展道路。无论是在东欧国家强行推进的“休克疗法”，还是东南亚各国照搬西方的“全民民主”，都没有给他们带来繁荣与发展，更多的是萧条与动荡。“中国梦”坚持“各国主权范围内的事情只能由本国政府和人民去管，世界上的

① 习近平．习近平谈治国理政（第一卷）[M]．北京：外文出版社，2018：273.

事情只能由各国政府和人民共同商量来办”①。这一方面彰显了中国绝不称霸的大国担当，另一方面也体现了中国反对霸权主义的坚定立场，更凸显了中国为构建各国平等和谐伙伴关系的庄重承诺。这就打破了西方“国强必霸”的思维。

二、为全球共同发展增添新生机

当前，世界经济陷入低速增长的新常态，主要表现为：经济增速低增长、货币政策低利率、全球经济低通胀，收支失衡、贫富失衡、新旧失衡。大国间的货币、金融、贸易规则之争愈演愈烈，由竞争性博弈走向对抗性博弈，世界经济的不确定性和风险因素都在增加。② 在此境遇之下，保持中高速增长的中国将在“未来五年，中国进口商品将超过 10 万亿美元，对外投资将超过 5000 亿美元，出境旅游人数将超过 5 亿人次”③。“中国梦”将从动力激发、机遇创造、模式示范为全球共同发展增添新生机。

从动力激发来看，全球共同发展的归宿是实现持久和平、共同繁荣的和谐世界梦，世界梦将全球各国的不同梦想纳入“同一个世界、同一个梦想”的共识之下。作为世界梦的重要组成部分，“中国梦”将中国的命运与世界的命运紧紧联系，深深体现了“中国梦”与世界梦的深度相通与良性互动。“中国梦”与世界梦都体现了各国人民对幸福生活的强烈追求、对国富民强的美好憧憬，在人类发展

① 习近平．习近平谈治国理政（第一卷）［M］．北京：外文出版社，2018：274.

② 王斯敏．学者专家共论新常态新机遇［N］．光明日报，2016－01－21（004）.

③ 习近平．迈向命运共同体　开创亚洲新未来——在博鳌亚洲论坛 2015 年年会上的主旨演讲［N］．人民日报，2015－03－29（002）.

的历程中，具有利益高度契合、目标完全一致的内在统一性。同时，在实现梦想的进程中必须要有实践主体，“中国梦”的实现需要凝聚中国力量，世界梦的实现则需要世界力量的支持，在世界文明的大道上，各民族力量交汇合作形成互帮互助、互促互进的互动力量，为实现世界梦激发了新的动力。改革开放40年取得的伟大成就，使得厚积薄发的中国在自身乏力的西方发达国家深陷经济危机困境之时，能够责无旁贷地带动世界经济向前推进。国外相关机构曾预测，“至2025年，世界经济增长的1/3部分得须依赖于中国，中国的贡献比重与份额将远远超越其他国家所能企及的范围”[①]。世界梦的实现进程将取决于“中国梦”的实现程度。

从机遇创造来看，“中国梦”是立足中国实际对中华民族美好未来的总体憧憬，但是中国的发展离不开世界，“中国梦”的实现必须置于世界发展的进程中。新常态下，中国的经济全面融入世界市场且能够高效利用世界资源，随着全面深化改革的深入，“中国梦”谋求永续发展，其所表现出的正外部性也将为全球发展创造更多的机遇。同时，中国是一个具有国际视野的负责任大国，愿意在力所能及的范围内帮助扶持其他国家实现梦想，也愿意为世界发展作出更大贡献。世界银行公布的统计数据显示，从2000年到2013年的14年间，中国对世界经济增长的贡献率约19.2%，比美国同期的15.5%高了3.7%；对世界贸易的贡献率约12.8%，比美国同期的8.2%高了4.6%。在2014年，中国GDP更是突破了10万亿美元大关，其中对外贸易总值已达到4.3万亿美元，显然经济总量的“大

---

① 美国国家情报委员会. 全球趋势2030：变换的世界［M］. 北京：时事出版社，2013：79.

块头”势必伴生“大影响”[①]。虽然经济增速由高速转变为中高速，但是与发达经济体水平相比，发展成效仍然显著。“中国梦”最终造福的不仅是中国人民，而且包括世界人民。

从模式示范来看，中国在深刻总结历史经验、切实立足本国实际、准确把握未来走向的基础上，形成对社会主义的新认识，在借鉴和超越苏联模式与西方模式的基础上走出了一条具有中国特色的发展道路，形成中国模式，开启实现“中国梦”的历史征程。作为一个崛起中的发展中国家，中国模式既不同于那种依靠对外扩张和殖民掠夺实现崛起的模式，也有别于依靠外部帮助实现崛起的模式，中国模式是一种依靠本国人民通过艰苦奋斗实现和平崛起的一种模式，它在实践中不断发展。中国道路与中国模式为广大发展中国家树立了良好的榜样，使各国能够循着中国的发展轨迹找到本国的未来，从而增强实现本国梦想的信心与勇气。对于发达国家，中国道路与中国模式则可以提供有益借鉴。与成熟的欧美模式相比，中国模式可能还不太成熟，但中国模式独有的“成长性”优势是欧美模式所不及的。中国道路与中国模式能够在与时俱进的实践中，不断借鉴人类文明的有益成果，在此基础上创新发展，从而可以使西方国家从中受益，为更好解决本国圆梦进程中遇到的难题获得新启示。“中国梦”无疑为全球发展开启了一种新模式，使各国能够顺应时代潮流，沿着适合本国国情的发展道路继续前进。

三、为世界文化发展赋予新元素

当前，中华文明处在与世界文明交汇的重大临界点，能否达到

① 邢伟. “新常态”同样具有世界意义［N］. 光明日报，2015－02－11（003）.

质变意味着对世界文化发展的贡献。内在蕴含优秀传统文化的“中国梦”从彰显中华文化魅力到推进异质文化交流、进而助力世界文化复兴具有无以复加的优势。

首先，“中国梦”彰显中华文化新的意蕴魅力。在华夏大地上，具有悠久历史的中华民族创造出内涵丰富、内容广博、底蕴深厚的中华文化。在历史上，中华民族追求“家和万事兴”“求同存异”“美人之美、美美与共”，无不体现着中华民族团结凝聚、自强不息、包容并蓄的优秀文化品格。当前，习近平总书记出访海外更是用曼妙的语言展现了中华文化的光辉魅力。例如，在表达实现中俄关系世代友好的坚定决心时用“长风破浪会有时，直挂云帆济沧海”，在承诺推动中国与拉美开放、包容、合作、共享发展时用“路遥知马力，日久见人心”，在敦促亚洲各国消除疑虑隔阂、推进区域合作时用“海纳百川，有容乃大”，这些具有中华文化特色的语言引起了世界各国的强烈共鸣，使中华文化的底色更好融进世界文化之中。随着“中国梦”与世界梦更多的碰撞，中华文化在新时期仍然会传递出追求统一而非分裂、追求百折不挠而非屈服放弃，用“独乐乐不如众乐”的真心接纳和包容世界，以更加自信、愈加成熟的心态去开创未来、造福世界，中华文化也必将彰显出其新时代的魅力。

其次，“中国梦”推进异质文化新的媒介交流。中华文化在历史上曾创造出巨大的辉煌，盛世之时主动加强与外界交流，中华文化也随着丝绸之路、郑和下西洋、国外精英来华而广泛传播。但是，近代以来由于闭关锁国，中华文化失去了与外界的交流，只有“出”而无“进”，在孤芳自赏时，与世界文化主流舞台愈行愈远。在被动接受近代半个世纪以来的西方文化输出后，中华文化选择了主动与世界文化交流，以期融入世界。“中国梦”将梦想作为交流与对话的媒介，把中国的命运与世界的命运紧密相连，考虑到中国人民与世界人民的一致利益和共同期盼，为中国与世界的文化交流搭建了一个新的平台。在此，中华文化将以更加积极的姿态融入世界，在世界文化的滋养下，与各国文化深入交流、良性互动。人民是文化交流的主体，所谓“国之交在于民相亲”，相信在“中国梦”的感召鼓舞下，将会有更多的国人走出国门感受世界的丰富多彩，更多的外国人赴华感受中国的人文底蕴。届时，中国对世界的融入、世界对中国的接纳，共同开创世界文化大发展、大繁荣新局面，将成为中外文化交流最耀眼的成果。

最后，“中国梦”助力世界文化新的自觉复兴。回望世界历史，中华文化是唯一没有中断的人类文化，并且因它的博大精深而随时代显现出蓬勃生机。实现“中国梦”要求弘扬中国精神，中国精神的“根”和“魂”就是中华民族的优秀文化传统。与西方文化不同，历史上的中华文化是在交往与对话中向外传播、意识形态输出色彩淡薄，给接受国家带来的是福音和繁荣，“和而不同、天下大同”观念深入人心。时至当下，中华文化的影响要远远弱于一家独大的西方文化。受西方文化主导的世界新问题、新矛盾层出不穷，“西方的世俗观念不一定能够支撑得起国际体系，提供占支配地位的价值观”①，这是西方自己也不得不承认的。在一个多元化的世界中，没有多元文化的交汇、磨合，就不会创造出有益于人类文明的成果，也不会形成世界走向繁荣的内在支撑。中华民族伟大复兴“中国梦”的实现必然要求中华文化能够在世界民族之林重新焕发出更加有力

① 美国国家情报委员会．全球趋势 2030：变换的世界［M］．北京：时事出版社，2013：39.

的影响力。随着中华文化的振兴，世界其他民族追求民族文化复兴的自觉、自信必然被唤起，在建设现代化文化强国的道路上，更加自强，进而形成世界传统文化“百家争鸣、百花齐放”的美好场景。

四、为国际对话交流提供新表述

中国的国际地位经历了一个由弱到强的发展阶段，相应的外交政策也经历了由“韬光养晦”到“奋发有为”的根本转变。作为具有延续性和民族性的伟大梦想，“中国梦”为国际对话交流提供新的表述。

第一，“中国梦”的提出实现了由习惯失语到强力发声的转变，“中国梦”成为世界听得到的声音。在西方话语体系占主导地位的时代，以“普世价值”来衡量和认识中国是西方国家一贯的做派。无论是主观随意的曲解与误读，还是有意为之的诋毁与中伤，中国被塑造为一个“妖魔”的形象。因而，在贫穷落后时被指“中国崩溃”，发展壮大时“中国威胁”甚嚣尘上。在抹黑与丑化的强调中，中国发声之后影响力微不足道，最后陷入习惯性失语的循环中。随着综合国力的增强，中国一改昔日沉默提出“中国梦”，清晰地向世界表明中国的意见，让世界聆听中国的“声音”，实现了由习惯失语到强力发声的有力转变。这种转变打破了西方世界的话语垄断，喊出了后发国家尤其是发展中国家打破不平等的国际话语秩序的心声，也表达出发展中国家渴望享有与发达国家同样地位与尊严的正当诉求。这就打破了以西方思想为唯一评判标准的垄断，为更多不同的声音响彻世界做了榜样。

第二，“中国梦”的提出实现了话语由差异性到共同性的转变，

“中国梦”成为世界听得懂的声音。自古以来，中国都讲究与世界交流。而新中国成立以来的多次对话尝试都不能为西方话语占主导地位的世界所正确理解。因此，中国不得不用西方的话语、概念、框架来分析中国问题，力图不被误解，但效果往往适得其反。“中国梦”的提出却实现了中国政治话语体系由差异性到共同性的转变，使世界能够听得懂中国的声音，对中国有了一个不同以往的全新的认识。“中国梦是一种形象的表达，是一个最大公约数，是一种为群众易于接受的表述。”① 作为一种公约数，在国际政治舞台上，“中国梦”旨在突出中国人民与各国人民追求幸福生活梦想的相通性，并非强调国家之间的社会制度、意识形态差异。于是，在“中国梦”话语的感召之下，中国与俄罗斯成为“全面战略合作伙伴”、与亚洲各国建立睦邻友好关系、与非洲建设合作伙伴关系、与美国构建新兴大国关系等。通过寻求共同性，找到与他国合作的基点，用一种生动活泼的语言拉近了中国与世界的距离，塑造了中国良好的国际形象。

第三，“中国梦”的提出，实现了由理念到实践的转变，“中国梦”成为世界听得进的声音。“中国梦”是基于世界发展大势、国内外环境、历史经验基础上作出的精准战略判断。“中国梦”的提出也随着中国的崛起而见证着由理念到实践的转变，让对中国模式持否定态度的西方世界与观望态度的后发国家更加明晰“中国梦”倡导的是中国人民与世界人民共同携手创造持久和平、共同繁荣的和谐世界实践。中国坚持“只要是中方作出的承诺，就一定会不折不扣

① 中共中央文献研究室. 习近平关于实现中华民族伟大复兴的中国梦论述摘编[M]. 北京：中央文献出版社，2013：10.

落到实处”，这种谨言慎行、言行一致的态度会让别国感受到合作共赢的切实可行。同时，在合作中，中国人讲情义，更多看重的是在交往中，人民能够友好交流、感情不断加深、友谊不断深厚，通过与各国坦诚相见，积极融入国际大家庭，共同协商解决问题、共同负责承担风险、共同享有分配成果。梦想的力量把世界重新凝聚，让世界焕发出更大的活力。中国的声音必将为世界所侧耳，为人类历史所重视。

本篇小结

本篇以马克思主义中国化的“世界向度”为视角，探讨“中国梦”的贡献，即“中国梦”拓宽了马克思主义中国化的国际视野。准确把握国际社会对“中国梦”的基本认知是搞清楚“中国梦”如何拓展马克思主义中国化国际视野的首要前提。将“中国梦”与“美国梦”“欧洲梦”进行横向比较，得出“中国梦”的世界意义在于促进世界和谐共赢，营造世界各国实现梦想的和平环境，具有浓厚的世界情怀，为发展中国家提供有益借鉴；“中国梦”的比较优势在于以中国特色社会主义为内在支撑，具有和平性、共享性、和谐性、包容性。

处于马克思主义中国化这一无限开放的历史进程中，“中国梦”就是从全球化的视野和人类社会发展进步的高度，着眼中国实践，凝练出的具有中国特色、中国作风、中国气派的“中国经验”，自觉形成了马克思主义中国化研究的开放视野，为中国马克思主义与世界马克思主义、中华文明与世界文明在国际视野中展开对话与交流发挥影响力，凸显了其世界价值，拓展了马克思主义中国化的国际视野。“中国梦”的表现：为世界发展走向标定新航向，为全球共同发展增添新生机，为世界文化发展赋予新元素，为国际对话交流提供新表述。可以说，“中国梦”的提出实现了由习惯失语到强力发声的转变，“中国梦”成为世界听得到的声音；实现了话语由差异性到共同性的转变，“中国梦”成为世界听得懂的声音；实现了由理念到实践的转变，“中国梦”成为世界听得进的声音。

第五篇　“中国梦”的圆梦实践

因此，俄国现在如果要从“提尔西特”和约走向——无可争论地是在走向——民族复兴，走向伟大卫国战争的话，那么达到这种复兴的道路，就不是走向资产阶级国家的道路，而是走向国际社会主义革命的道路。①

——列宁

中国无论何时也应以自力更生为基本立脚点。但中国不是孤立也不能孤立，中国与世界紧密联系的事实，也是我们的立脚点，而且必须成为我们的立脚点。我们不是也不能是闭关主义者，中国早已不能闭关。②

——毛泽东

实现中国梦必须走中国道路。这就是中国特色社会主义道路。实现中国梦必须弘扬中国精神。这就是以爱国主义为核心的民族精神，以改革创新为核心的时代精神。实现中国梦必须凝聚中国力量。这就是中国各族人民大团结的力量。③

——习近平

① 中共中央马克思恩格斯列宁斯大林著作编译局．列宁选集（第三卷）［M］．北京：人民出版社，1972：491．

② 中共中央文献研究室．毛泽东外交文选［M］．北京：中央文献出版社，1994：16．

③ 习近平．在第十二届全国人民代表大会第一次会议上的讲话［M］．北京：人民出版社，2013：3—5．

实现中华民族伟大复兴是一个具有历史性的时代主题。它贯穿于中国近代到现代整个历史进程，随着时代的进步、世界的发展，被赋予新的内容和要求。因此，民族复兴“中国梦”是一项系统、长期的工程，不可能一蹴而就。要确保这一梦想在预计的“两个一百年”内实现，必须要有对历史和现实的综合考量，然后依据考量结果找寻未来圆梦的途径。“中华民族是否实现复兴”以及“复兴之后中华民族走向何方”等标准和方向问题成为困扰人最核心的问题。对“中国梦”的发展目标与发展战略进行深层次的考量，可以为实现“中国梦”提供逻辑指引，是选择“中国梦”实现路径的根本依据。同时，实现目标的路径不是一成不变的，必须要在“变与不变”中坚持宏观的选择，调整微观的实践，这是实现“中国梦”的基本遵循。总之，实现民族复兴的“中国梦”是一项长期艰巨的历史任务，既面临着国际国内的环境变化，也面临着前后往来的时代移易。“中国梦”的实现考量为实现路径的选择奠定基础，实现路径是实现考量的思维展现，二者统一于“中国梦”的圆梦实践。

第九章 “中国梦”的实现考量

实现中华民族伟大复兴是一个具有历史性的时代主题。它贯穿于中国近代到现代整个历史进程，随着时代的进步、世界的发展，被赋予新的内容和要求。对于“中华民族是否实现复兴”以及“复兴之后中华民族又走向何方”等问题的判断和评定就变得更为复杂和愈加不确定。因而，对“中国梦”的未来走向进行深入探究就十分必要。对“中国梦”的发展目标与发展战略进行深层次的考量，可以为实现“中国梦”提供逻辑指引。

一、“中国梦”的目标衡量

当前，中华儿女为实现中华民族伟大复兴的“中国梦”不懈奋斗，但是中华民族达到什么样的状态就可以谓之“复兴”。这种复兴应该通过什么样的具体内容来体现，就需要对“中国梦”的目标进行衡量。

（一）最终指向：中华文明的复兴

18世纪以前的世界历史，中国一直领先于世界，中华民族为世界做着巨大贡献。18世纪之后，西方国家获得相对的发展优势，中华民族开始衰落。鸦片战争爆发后，中国逐步沦落为西方世界的半殖民地，中华民族和中国人民遭受巨大的苦难与耻辱。于内忧外患中，先进的中国人奋起抗争，孙中山也呐喊出“振兴中华”，却屡遭失败而不可得。直至中国共产党的成立，民族复兴的使命得以延续。党领导人民于艰苦奋斗、不懈探索的辛勤努力中，开辟了民族复兴实现的新起点。我们可以清楚看到，新中国的成立为中华民族的伟大复兴奠定了根本的政治前提。从此，关于民族复兴的提法经历了“振兴中华”到“使民族复兴”到“实现中华民族的全面振兴”的一段历史时期。直到十三大“实现中华民族伟大复兴”的用法才越来越普遍。其中反映出的是中华儿女对梦想的明确追求与准确表述，不偏离其本义。2012 年 11 月 15 日，习近平总书记把承担历史责任与中华民族伟大复兴结合起来谈，就是号召全国各族人民要承担起责任，把先辈的事业接续下去，并完成好。到了 2012 年 11 月 29 日，习总书记明确把“实现中华民族伟大复兴”与“中国梦”统一来讲，实质就是把我们的民族梦想与国家梦想相统一共同凝聚成人民的梦想，完完整整地作出梦想的指向。总的来看，民族复兴是一个历史与现实相统一的发展主题，既需要认识过去的“自我”，又需要剖析现在的“自我”，这样才能增添更多的确定性、把握更多的可能性，始终走在时代和世界的前列。

“中国梦”以追求中华民族伟大复兴为主要目标，那就意味着不只追求 GDP 的增加，而是物质基础与精神支柱的双重发展，实现中国软实力与硬实力的叠加上升，从而形成中华民族一种崭新的、舒适的生存状态。环顾当今世界，中华文明与世界文明的发展具有高度的一致性，其契合点就在于包容、交流、互鉴；观照当代中国，中华文明创造性转化与创新性发展也是顺应时代潮流和迎应人民诉求的必然趋势。“中国梦”尊重文明的多样性，每一种文明因其独特魅力与价值而不可被代替；承认文明的平等性，文明没有高低优劣之分。如习总书记所言：“文明因交流而多彩，文明因互鉴而丰富。文明交流互鉴，是推动人类文明进步和世界和平发展的重要动力。”[①] 因此，没有彼此的包容与相互的学习，文明是不可能前进的。这是基于对中华文明的地位和走向深邃思考的必然结果。当前，中华文明要与时俱进就必须对文明冲突论、文明霸权论、文明不可调和论作出有力回应和积极澄清。五千年的历史长河中，中华民族虽历经磨难、饱受艰辛，但中华文明绵延不绝、历久弥新，彰显着一个伟大民族的强大生命力与不朽的魅力。面向世界文明发展潮流，“中国人民在实现中国梦的进程中，将按照时代的新进步，……为人类提供正确的精神指引和强大的精神动力。”[②] “中国梦”对中华文明与世界文明基本问题的正确回答，体现了“中国梦”的实现与人类文明进步的相通性。在这样的背景下，“中国梦”的实现，必然指向文明的复兴。

（二）指标内容

“中国梦”的指标内容是中华文明硬实力和软实力的综合展现。中华民族伟大复兴的实现是一个兼具动态性、阶段性的过程，因而，它既包括科学的、定量的指标评价体系，也包括抽象的、定性的一般内容。

1. 指标体系

中国社会科学研究院冀元青构建了一个以经济、社会、民生、环境、国际影响力为衡量要素的四级评价指标体系。通过综合评价

---

① 习近平．习近平谈治国理政（第一卷）[M]．北京：外文出版社，2018：258.

② 习近平．出席第三届核安全峰会并访问欧洲四国和联合国教科文组织总部、欧盟总部时的演讲 [M]．北京：人民出版社，2014：17.

法对我国1990年到2011年的数据进行了实证分析，得出：第一，“中国梦”总体指标受政府政策、自然灾害、金融危机、基础工程建设和技术进步等主客观因素的影响；第二，根据对“中国梦”总体指标的测算，1990—2011年为上升期，截至2011年总体实现程度达到最终目标的81.77%；第三，二级指标“影响力”方面的指标波动较大，其余四个方面指标均为增长趋势，环境和民生方面指标随时间的增长趋势接近直线，而经济和社会的增长趋势为三次曲线；第四，农业现代化明显滞后于工业化、信息化、城镇化，“四化”差距拉大，极不协调。①

杨宜勇研究员通过选取三级监测评价指标对中华民族伟大复兴这一复杂系统进行了有效测度：第一，将复兴指数设定为度量和测控民族复兴的一级子目标；第二，选取经济、社会、素质、资源等社会再生产中的6个关键因素和重点行业作为二级子目标；第三，对各个二级子目标进行进一步的细化解构，罗列出28个三级子目标，从而构建了一套“板块—线性—点状”式的总体测评框架。以2012年为例，通过对上述各指标对应的数据进行测算，结果显示，我国当年的民族复兴指数为0.653，这意味着复兴任务已经实现了65.3%，较之于2005年和2010年的复兴数据而言，近年来复兴进程开始明显加快。从各指标的复兴情况来看，经济发展、科技创新和国际影响方面依旧是短板。②

① 冀元青．中国梦实现程度的评价体系与方法研究［D］．中国社会科学院研究生院，2014.

② 杨宜勇，谭永生．中华民族复兴进程监测评价指标体系及其测算［J］．中共中央党校学报，2012（3）：45－48.

中华民族的复兴是一项动态的、艰巨的浩大工程，不可能一蹴而就。所以对中华民族伟大复兴的指标测量不可能绝对正确、极尽详尽。因而，只能选择更为关键的时间点和更具代表性的指标，来对中华民族伟大复兴的目标及进程进行衡量。

2. 一般内容

历史的发展和时代的进步使我们明确了民族复兴是一个确定的、发展的主题。它要求中华民族要在世界的发展变化中重新走在世界的前列。因而，实现中华民族伟大复兴，不是简单地向历史上的强大中国的回复，也不是中华民族走向世界前列的片面追寻，而是中华民族凭借其文明的连续性、包容性、独特性为人类文明作出更大贡献之后重新屹立于世界民族之林。

中华文明的以上特性就决定了不能对中华民族伟大复兴的梦想作出详尽的描述，而只能是基于指标体系的抽象概括。当前，在西方文明占主导优势的全球化时代，中华文明的复兴就应当是突破西方文明窠臼的经济、政治、文化、社会、生态等协同的文明发展，并为世界文明作出更大贡献。

经济文明表现为经济制度的伦理提升和价值完善。随着我国经济的发展，市场化水平显著提高，产能强大适需、财富富足充裕。“以义生利”成为经济领域内人们的行业底线原则，“社会责任”成为企业家普遍遵守的伦理规范，“信用体系”日臻完善。

政治文明表现为权力有边界和民主有秩序的政治清明。随着国家富强，权力的效能不断增强。在国内政治领域，人民当家做主的各项权利得到切实保障，各种利益诉求能够得到合法表达并形成合理共识；在国际政治领域，我国的政治地位进一步提高，国际威信与话语权质得到提升。

文化文明表现为更接地气、更重人性。随着现代公民在知识素养、道德品质、个人修养等方面水平的提升，文化领域形成一种重真诚、奋进、包容的文化氛围，人们能够真诚交流、自强奋进、和谐包容。在这样一个文化多样、社会多元、生活多彩的国度，人民的生活更加有尊严、更加体面。

社会文明表现为社会组织功能优化基础上的有序发展。随着社会管理网络的形成和服务机构的不断扩展，教育、健康、医疗、卫生等社会服务体系和社会保障体系日益完善；公共服务实现均等化；人们的生活品质提升，归属感和安全感更强。

生态文明表现为人与自然的和谐相处，一改昔日的征服与被征服、享受与破坏的关系，建设成一个资源节约、环境友好的美好社会，将中国建成天蓝地绿水净的美好家园，美丽中国成为现实。①

二、“中国梦”的发展战略

党的十八大明确指出：我们党担负着团结带领人民全面建成小康社会、推进社会主义现代化、实现中华民族伟大复兴的重任。实际上，这是一个具有系统性、协调性的“中国梦”“三步走”战略步骤。这三大战略步骤前后相接、紧密联系。

第一步，全面建成小康社会。邓小平于 1979 年会见日本首相大平正芳时，提出实现“小康”。1982 年，党的十二大提出“实现小康”的奋斗目标。十三大后，邓小平将战略目标归纳为到 20 世纪末

① 任平.“什么是中国梦、怎样实现中国梦”：中国特色社会主义当代出场的根本旨趣［J］.马克思主义研究，2014（6）：49—55.

国民生产总值超过1万亿元人民币，人均达到1000美元，使中国由贫穷变为小康，进入小康社会。1997年，党的十五大提出，2010年时GNP与2000年相比要实现翻一番，人民的生活水平要更加富足；时至2005年，中国共产党第十五届五中全会首次通报了我国人民生活总体实现了基本小康的水平。2007年召开的中国共产党第十七次全国代表大会明确要求，在2020年以前全面建设惠及十几亿人口的更为全面、更为高端的小康标准。在中共十七次代表大会到十八次代表大会期间，又对全面小康进行了新诠释，即是由“建设”改为“建成”。

第二步，建设现代化的社会主义国家。从1949年新中国成立起，以毛泽东同志为代表的第一代党和国家领导人就将社会主义现代化设定为努力的方向和目标。在第一届人大一次会议上，周恩来同志就开门见山地指出，要从工业、农业、交通运输业和国防着手，把我国建设成为一个综合实力强大的社会主义现代化国家。这是对“四个现代化”愿景的最初表达。随后召开的第三届人大一次会议，又将之重新定位为“工业、农业、科学技术和国防四个方面的现代化”。1979年，邓小平立足中国实际指出，我们提的四个现代化与发达国家的现代化概念不同，是“中国式的现代化”，认为这是实现“四个现代化的最低目标”。从1987年3月始，邓小平对发展战略目标又进行了调整，他指出在20世纪末达到小康水平后，要在21世纪用30到50年的时间达到中等发达国家的水平。党的十四大肯定了邓小平的“三步走”发展战略，指出到21世纪中叶新中国成立100年时基本实现社会主义现代化的第三步发展目标。中国共产党第十五次和十六次全国代表大会都突出强调到21世纪中期，即新中国成立一百周年之际把我国建成现代化国家，也旗帜鲜明地提及了以“富强、民主、文明”为内容的时代特征。中国共产党第十七次全国代表大会进一步讲明，到2020年建党一百周年之际，人均GDP要赶上中等发达国家标准，并且将时代特征由原来的“富强、民主、文明”拓展为“富强、民主、文明与和谐”。到中国共产党第十八次全国代表大会，更是将社会主义现代化建设视为党所肩负的历史重任。

第三步，在前两步的基础上，继续艰苦奋斗，实现中华民族的伟大复兴。在2001年召开的建党80周年庆祝大会上，江泽民同志在讲话中提出，我们党开创的中国特色社会主义伟大事业，为中华民族复兴指明了努力方向和前进道路，期望广大青年能够在民族复兴的历史阶段为祖国和人民创造出不凡功绩。在2002年召开的中国共产党第十六次全国代表大会上，江泽民同志指出，中国共产党必须毫不犹豫地伫立于时代前列，领导和带领全国各族人民共同实现民族复兴。在2007年召开的中国共产党第十七次全国代表大会上，江泽民同志又讲道，中国共产党自成立以来就义无反顾地担起了民族复兴的历史重担，当代的中国共产党人理应继续尽职履行这一使命。在2008年召开的纪念十一届三中全会暨改革开放三十周年大会上，胡锦涛同志以“新胜利”“新局面”为关键词对小康社会和社会主义事业进行了表述，提出了要为实现民族复兴而不断努力奋斗，并且将之上升到为人类社会做贡献的历史新高度。在2011年召开的庆祝中国共产党成立90周年的纪念大会上，胡锦涛同志讲道，中国已经屹立于世界东方，并且正在中国特色社会主义伟大旗帜的引领下不断地为实现民族复兴而不懈奋斗。也正是基于责任感与使命感，在中国共产党第十八次全国代表大会上，明确地把民族复兴提升至战略总任务的新高度，随后，习近平总书记在参观《复兴之路》时，一语中的地将中华民族伟大复兴定位为近代中华民族最伟大的梦想，是为“中国梦”。

民族复兴的战略目标主要是两个一百年。毛泽东最早提出两个一百年的设想，鸦片战争到新中国成立，100 年的时间，通过革命实现了人民解放和民族独立；然后 100 年的时间，通过建设实现现代化。邓小平同志的两个一百年思想主要融入他的现代化建设“三步走”设想中的后两步，即是到 20 世纪末期，全国各族人民的生活水平基本实现小康；至 21 世纪中期，人均 GNP 赶上中等发达国家的标准，人民生活相对富足，社会各领域基本实现现代化。经过党的十四大、十五大、十六大的进一步丰富，形成了新的“两个一百年”的战略目标：在中国共产党成立一百周年之际，我国国民经济得到进一步的发展，各项社会制度也愈加健全；在新中国成立一百周年之际，我国经济社会综合水平基本达到欧美现代化标准，届时我国应是富强、民主、文明的社会主义现代化强国。党的十七大在十六大的基础上，明确了到 2020 年全面建成小康社会。在中国共产党成立 90 周年纪念大会上，胡锦涛同志再度明确提出在建党一百周年和新中国成立一百周年之际，分别实现更高层级的小康水平和更加富强、民主、文明的现代化国度。在中国共产党第十八次全国代表大会报告中，进一步将“实现”改为“建成”，将“富强、民主、文明”延展至“富强、民主、文明、和谐”。新时期，以习近平同志为核心的新一代党和国家领导集体严格遵循“双百”目标为努力方向，公开向世界宣布必将领导和带领全国各族人民实现民族伟大复兴的“中国梦”。

第十章 “中国梦”的实现路径

实现民族复兴的“中国梦”是一项长期而艰巨的历史任务，既面临着国际国内的环境变化，也面临着前后往来的时代移易。实现目标的路径不能是一成不变的，必须要在“变与不变”中坚持宏观的选择，调整微观的实践。这是在实现“中国梦”的征程中的基本遵循。

一、“中国梦”实现的根本选择

习近平总书记在十二届人大一次会议闭幕会上强调，实现“中国梦”必须坚持中国道路、弘扬中国精神、凝聚中国力量。这就为我们顺利实现“中国梦”指明了方向和途径。道路、制度、精神、力量之间的关系：道路是对现实实践举什么旗的根本回答，关乎国家的生死存亡、民族的兴衰成败、人民的得失荣辱。道路的成功离不开制度的保障。价值理念是发展道路的内核，全社会共同认同的价值观是一个国家长治久安、民族立于不败的最持久、最深层的力量。中国道路是在党的领导下人民的自觉选择与自主创造，人民最具发言权。

（一）坚持中国道路

道路是旗帜，指引着实践的方向，关乎国家的生死存亡、民族的兴衰成败、人民的得失荣辱。近代以来，万千中国人上下求索而不得振兴民族之路。直至中国共产党成立，带领中华儿女走上了一条实现民族复兴的快车道，走出一条顺应时代潮流、符合中国国情的道路，我们称之为中国特色社会主义道路。党的十八大对其内涵做了更为成熟的表述：“走中国特色社会主义道路，就必须毫不动摇地坚持中国共产党的领导，依据现阶段的国情社情民情，全力抓好经济建设这一中心工作，在坚持四项基本原则与改革开放的战略框架下，进一步解放和发展社会生产力，实现经济、政治、社会、文化和生态‘五位一体’良性有序的健康发展，使得人民群众生活实现共同富裕，全面把我国建设成为富强、民主、文明、和谐的社会主义国家。”① 中国特色社会主义道路开辟于解决当代中国发展问题之际，使中国得以由贫穷落后转向繁荣富强，经济总量持续跃升、综合国力显著增强、人民生活水平不断提高，让西方对社会主义刮目相看。中国的发展不仅跳出了全球资本主义环伺的破坏性怪圈，也彰显了社会主义的美好前景。同时，也给予广大发展中国家深刻启发。尽管中国道路的特殊性使任何国家无法复制，但其发展内蕴的务实精神和立足本国国情谋发展的思路值得借鉴。

中国道路来之不易，不仅引领着中华民族伟大复兴“中国梦”的实现，而且也为其他民族实现发展与进步的梦想提供一种新的选择。站在全面建成小康社会的新起点，我们必须坚定道路自信，既不走僵化封闭的老路而滑向制度体制多样化，造成全盘西化与社会动荡，也不走改旗易帜的邪路而滑向制度体制单一化，进行扩大化

① 本报理论部整理. 十八大报告的新思想 新论断 新部署［N］. 光明日报，2012-11-11（009）.

的阶级斗争和粗放型的经济发展，而是既抬头看路、又埋头走路，与时俱进探索中国特色社会主义道路，为实现全面小康、社会主义国家现代化、中华民族伟大复兴“中国梦”不懈奋斗。

（二）弘扬中国精神

一个没有精神力量的民族无法自立自强于世界。作为中华民族生生不息、薪火相传的精神支柱，中国精神体现出的对世界、生命的历史认知与现实感受赋予了当代中国发展新的价值引领。习近平总书记强调，中国精神就是以爱国主义为核心的民族精神与改革创新为核心的时代精神。它们有机结合成为中华民族凝心聚力、发展壮大的强大精神动力。中国精神是实现“中国梦”的内在支撑。

民族精神是一个民族增强信心、获得力量的源泉，力促民族团结而一致前进的精神纽带。作为一个历史范畴，以爱国主义为核心的民族精神在我国不同时期、不同阶段表现为不同的具体内容，但是考量整个历史过程，无论何种历史条件，爱国均成为有效凝聚共识、团结统一来振兴中华的强大精神动力。时代精神是在实践活动中形成的继承民族精神、指明社会发展方向、引领时代发展潮流、体现社会成员认同接受的时代意识。以改革创新为核心的时代精神就是与时俱进地适应时代使命与时代潮流，激励人民发奋图强的强大精神动力。中国精神是实现“中国梦”的精神支撑。民族精神与时代精神相互联系、紧密相关。民族精神为时代精神奠基，时代精神是民族精神在新时代下的具体展现，二者共同构成了中华民族自强不息、奋斗不止的精神品格，激励着中国人民在革命、建设、改革中昂扬向上、奋发进取，在实现中华民族伟大复兴的征程中凝心聚力、攻坚克难。

因此，在经济全球化不断加速与文化影响力日益增强的历史条件下，我们要全面建成小康社会、实现中华民族的伟大复兴就必须弘扬中国精神，力促冲破时代世事的束缚、打破观念固化的枷锁，迎着改革与发展的难题，不断开辟中国特色社会主义的新局面。

（三）凝聚中国力量

人民是历史的创造者，群众是实践的主体。伟大的事业必须要有强大的力量保证。“人民，只有人民，才是创造世界历史的动力。”① 习近平总书记指出，“中国梦”不仅是民族的梦，也是每个中国人的梦，只有大家万众一心、共同奋斗才能汇聚起磅礴力量，使“中国梦”成为现实，使每个人的梦想成真。因而，无论是从集体还是从个人角度来看，中国力量的发力必须依靠广大人民群众的艰苦奋斗，这是实现“中国梦”的有利条件。因此，要想实现“中国梦”就必须凝聚中国力量。中国力量是实现“中国梦”的动力源泉。

当前，我国经济发展中强调发挥市场在资源配置中的决定性作用，不可避免会产生不同的利益主体，这些利益主体身处不同地域、不同领域，自然就会有不同的价值观、多元的利益诉求、多样的行为模式。在这样的背景下，凝聚中国力量就必须“求同存异”，找出最大公约数，形成共识，团结党内外一切可以团结的力量，调动国内外可以调动的积极因素，汇合成推动改革开放事业的巨大合力。

中国力量虽在不同时期表现出不同的特质，即战争年代表现出的“不屈不挠、勇往直前”，和平建设时期表现出的“勤俭创业、艰苦奋斗”，改革开放之际表现出的“奋勇拼搏、开拓创新”，究其实

① 毛泽东. 毛泽东选集（第3卷）[M]. 北京：人民出版社，1991：1031.

质背后隐藏的均是中国各族人民大团结共同努力奋斗的力量。因而，在圆梦的进程中，充分尊重人民群众的主体性与创造性。只有相信群众、依靠群众才能维护好和实现好人民的利益，也才能调动全体人民共同担当、共同努力的积极性与主动性。

中国共产党是中国特色社会主义事业的领导核心，肩负带领人民实现中华民族伟大复兴的历史重任。整合与提升中国力量也自然成为其内在要求。中国力量由若干单个主体力量构成，但其特有的独立性必然会造成圆梦实践中主体力量的分散。因此，凝聚共识、调动积极性汇聚成充满正能量的中国力量，离不开中国共产党的领导与整合。

总之，实现“中国梦”任重而道远，既需要中国共产党的有力领导，又需要全体中国人民在共识之下艰苦奋斗，通过共同努力，在若干式微“中国梦”的基础上逐渐走向中华民族伟大复兴的“中国梦”。

（四）完善中国制度

在实现中华民族伟大复兴的进程中，对中国道路的坚持、中国精神的弘扬、中国力量的凝聚离不开制度保障，即对中国特色社会主义制度的依赖。中国特色社会主义制度不同于以往人类社会的一切制度，这一制度立足于中国国情与人民诉求，根源于新中国成立三十年的宝贵经验、理论准备、物质基础，产生于改革开放后人民自觉调整人与自然、社会、人之间关系的积极实践，而形成的一整套“既有根本政治制度、基本政治制度、基本经济制度、中国特色社会主义法律体系，又有建立在这些制度基础上的各项具体制度”相互衔接、相互连接的制度体系。坚持中国特色社会主义制度，有利于激发党和国家的活力，调动人民群众的积极性；有利于解放和发展社会生产力，实现全体人民共同富裕；有利于实现社会公平正义，促进经济社会和谐发展；有利于集中力量有效应对国内外的挑战和风险；有利于维护民族和国家所处的良好局面。因而，实现“中国梦”，必须毫不动摇地坚持中国特色社会主义制度。

改革开放以来，我国经济快速发展、人民生活水平显著提高、科技文化成果不断涌现，综合国力迈上了一个大台阶。但是，仍然面临诸多严峻问题。如政治生活中贪污腐败不正之风，经济生活中贫富差距，思想领域中多样化思潮，民生领域中基本问题突出，生态领域中污染破坏。现实种种情况表明，全面小康社会的如期建成、社会主义现代化的顺利实现，需要妥善解决好各领域存在的突出问题。而这些问题的有效解决依赖于对各项具体制度的改革与完善，进而才能发展和完善中国特色社会主义制度，为更好维护人民群众根本利益提供有力保障。

马克思、恩格斯曾经强调，制度是人类文明、社会发展进步与否的重要标志。习近平总书记也指出，制度问题是根本性、全局性的问题，具有稳定性和长期性。因而，制度的发展是一个客观的、由不完善到完善的过程。要推动中国特色社会主义制度更加成熟更加定型，就必须意识到制度建设和完善的长期性及艰巨性，坚定制度自信，不遗余力地深化体制机制改革，打破种种不健全制度的弊端，形成持久完善的制度，为实现“中国梦”提供成熟、有力、完备的保障。

二、“中国梦”实现的具体实践

在圆梦的每个阶段，世情、国情、党情、民情各有不同。当前进入全面建成小康社会的决胜阶段，必须要在微观层面有具体描述。

这就是紧紧围绕全面建成小康社会这一主题，破解这一阶段面临的难题。主要包括以下四个方面。

（一）奋力深化改革，完善发展理念

我国改革开放40年取得的辉煌成就雄辩地证明，改革开放是促进党和人民事业大发展的基本经验，也是发展中国特色社会主义、实现中华民族伟大复兴的必由之路。当前，中国进入深水区、攻坚期，面临众多“难啃的硬骨头”，改革如不能打开突破口就会造成“牵一发而动全身”的局面。党的十八届三中全会做了包括经济、政治、文化、社会、生态、党建等15个领域的330多项较大的改革措施的具体部署。但是这些措施如何落实、后续如何进行，就需要奋力深化改革。只有奋力深化改革，才能快速调动人民的积极性、主动性、创造性，团结全国各族人民，凝聚起实现中华民族伟大复兴的磅礴力量。只有奋力深化改革，才能乘势解决不断出现的复杂难题和日益激化的矛盾，从而在重要领域和关键环节得以纵深发展，巩固实现中华民族伟大复兴的基础和支撑。

“十三五”时期是我们从“认识把握”经济发展新常态向“引领”经济发展新常态转变的关键时期。面对经济发展由高速转向中高速的速度变化、规模速度转向质量效率的方式转型、以增量扩能为主转向调整存量与做优增量并举的结构优化、由增加资源和低成本劳动力投入转向依靠创新驱动的动力转换，“十三五”规划基于我国改革开放30多年的发展经验和我们党对我国发展规律的新认识，提出“创新、协调、绿色、开放、共享”的发展理念，通过确立新的发展理念来引领行动方向，厘清我国在今后的发展思路与发展着力点。但是，处于深度调整的世界经济仍然没有脱离国际金融危机的深层影响，经济增长动力不足、地区保护主义有增无减、地缘政治关系日趋复杂、外部环境愈加不稳相伴而生。这就将长期处于经济、政治、社会发展不平衡、不协调、不可持续的我国置于矛盾叠加、风险增多的境地。这就要求我们必须有责任意识，在化解矛盾、补齐短板的基础上着力完善发展理念，厚植发展优势。

（二）践行群众路线，大力反腐倡廉

习近平总书记在党的群众路线教育实践活动工作会议上的讲话提出，之所以要开展党的群众路线教育实践活动，是为了使全党同志能够时刻谨记并恪守践行我党“全心全意为人民服务”的革命宗旨，以优良的工作作风和得民心的上好习气把最广大的人民群众吸聚起来，从而充分调动其参与积极性和主动性，更能动地激发其在实践中的创造性，为实现党的十八大确定的目标而奋斗。建党 90 多年的历史深刻证明了办好中国的事情关键在党，如果离开党的领导，人民群众的力量难以集中并发挥出来。同时，一个执政党在世情、国情、党情、民情深刻变化的背景下想要长期执政面临着巨大的困难与挑战。从整个中国近代史的历程来看，是否以人民为主体、是否以人民为依靠力量决定着中国的兴衰成败。人民群众是历史的创造者，是实现中华民族复兴的力量主体，只有实现好、维护好他们的利益，才能凝聚成排山倒海的强大力量，促使一切造福人民的源泉充分涌流。从这个层面来看，群众路线关系民心凝聚和党的执政成败。这就必须以更大决心和力度贯彻党的群众路线，使党的性质宗旨保持不变，从而保持党的先进性与纯洁性，真正发挥党的领导核心作用。当前，我们党内面临“四大考验”，“四大危险”和“四风”问题愈加尖锐。如果我们党不及时做出改变，因时扭转局面，就会有丧失执政地位、百年中国梦想破灭的危险。同时，随着“四个全面”战略布局的推进，政治、经济、社会的深刻变革产生多元的利益主体、复杂化的利益关系、多样化的利益诉求，这就给统筹各方利益、形成共识、凝聚力量带来空前难度。因而，必须加大创新践行群众路线的力度，最大限度统一全党全国人民思想，形成凝聚力量奋力实现“中国梦”的共识。

腐败是一个兼具历史性和世界性的社会问题。古今中外，无不存在腐败现象，我们党内也不可避免。有人就将中国出现腐败的原因归咎于共产党组织的问题以及社会制度的原因。正相反，中国共产党的性质和宗旨决定了其与各种腐败现象的水火不容。其实，深究腐败的发生，根源在于对公权力的监督缺位和制约失效。中国共产党成为执政党之后，就把反腐倡廉建设纳入党的建设之下，并将与腐败现象做斗争贯穿于整个党的建设历史实践中。自 20 世纪 80 年代末邓小平将反腐败问题提上党的议程后，历届党中央都高度重视党风廉政建设，不断推进反腐败斗争。十八大以来，党中央从关系党和国家生死存亡的高度，强调推进反腐倡廉的历史责任感和忧患使命感，形成了“无禁区、全覆盖、零容忍、严肃查处腐败分子”的新局面。在中纪委十八届五中全会上，习近平指出：“保持高压态势不放松，查处腐败问题，必须坚持零容忍的态度不变、猛药去病的决心不减、刮骨疗毒的勇气不泄、严厉惩处的尺度不松，发现一起查处一起，发现多少查处多少，把反腐利剑举起来，形成强大震慑。”[①] 根据已公布数据，十八大以来因贪污腐败落马惩处的省部级

① 中共中央宣传部. 习近平总书记系列重要讲话读本（2016 年版）[M]. 北京：人民出版社，2016：123.

官员多达100人，覆盖党政军方方面面，家族式腐败、塌方式腐败、系统性腐败令人震惊。腐败现象的严峻性和顽固性决定了反腐倡廉建设是一项长期、持久、复杂的工程。同时，全面建成小康社会，离不开我们党带领人民攻坚克难不懈奋斗。因而，必须加大反腐败的力度，反腐倡廉常抓不懈。

（三）坚持真抓实干，落实脱贫攻坚

近代以来，几代中国人经过艰苦的接力奋斗，开辟了中国特色社会主义道路，中国取得了巨大的发展成就。此时，我们比历史上任何时期都更接近中华民族伟大复兴的目标，我们实现目标的信心更足、能力更强。但是，伟大事业的进行不以人的意志为转移，它是前进性与曲折性相统一的发展。把握其中的关键就是要实干，通过“干”让梦想变为现实。故而，习近平总书记指出：实现中华民族伟大复兴是一项光荣而艰巨的事业，需要一代又一代中国人共同为之努力。站在新的历史起点上，梦想日渐真切、清晰，如不能继续长期奋斗，就会落入“行百里者半于九十”的境地。

我们党一直保持“实干”的优良传统。毛泽东讲，“什么东西只有抓得很紧，毫不放松，才能抓住。抓而不紧，等于不抓。”[①] 邓小平指出，“少说空话、多干实事。”[②] 江泽民更是一再强调，“落实，落实，再落实，因为这是做好一切工作的关键环节。”[③] 胡锦涛更加深入地指出：“坚持发扬共产党人的革命精神和坚持科学务实态度的统一，脚踏实地，埋头苦干，讲实效，办实事，坚决反对形式主义

---

① 毛泽东. 毛泽东选集（第4卷）[M]. 北京：人民出版社，1991：1442.

② 邓小平. 邓小平文选（第3卷）[M]. 北京：人民出版社，1993：121.

③ 江泽民. 论党的建设 [M]. 北京：人民出版社，2001：150.

和官僚主义。”[①] 习近平总书记警醒地提出“空谈误国，实干兴邦”[②]。然而，波云诡谲的国际局势和矛盾叠加的国内形势，使我们在全面建成小康社会这一关键阶段面临更多具有新的历史特点的问题，这都是以往的探索和实践从未遇到过的，这就要求我们不能因循守旧、只抓不落实或落实不到位，而是要以更大的政治智慧和勇气真抓实干，攻坚克难。

2020年全面建成小康社会是我们党在十八大制定的“两个一百年”奋斗目标中的第一个目标，也是实现中华民族伟大复兴“中国梦”的第一步。为实现这个目标，党的十八届五中全会提出了共享发展理念，要让人民共享发展成果，走向共同富裕。全面建成小康社会最艰巨、最繁重的任务在农村，特别是在贫困地区。没有农村贫困地区的小康，是不完整的小康。基于扶贫工作的阶段特征和国家的战略布局，习近平总书记提出了精准扶贫理论体系，力求扶贫对象的聚焦、各类资源的集中，使扶贫工作更具有精准度和有效性，确保帮到点上、扶到根上，让贫困地区及贫困群众真正脱贫致富奔小康。回顾30多年的扶贫史，我国扶贫工作虽然取得了万众瞩目的伟大成就，但是还凸显出一些问题：扶贫中存在盲点，致使真正贫困地区的农民和居民没有得到有效帮扶；扶贫中存在作假，导致国家的扶贫工作陷入低质、低效；扶贫中存在“漫灌”而认为扶贫就是“扶农”等问题。被这些问题遮蔽住的便是贫困程度更深、扶贫开发成本更高、反贫困难度更大的地区。这就对2020年如期全面建

① 中共中央文献研究室编．十六大以来重要文献选编（上）[M]．北京：中央文献出版社，2005：84.

② 习近平．习近平谈治国理政（第一卷）[M]．北京：外文出版社，2018：36.

成小康社会带来极大的挑战，时间的紧迫、任务的繁重给脱贫工作带来更大的难度。处在这样一个攻坚时期，就要求必须实施精准扶贫、精准脱贫，因人因地施策，提高扶贫实效，把精准扶贫落实落地。

（四）突出核心价值，拓宽宣传渠道

对“中国梦”的宣传要考虑国内和国外两个不同的场域。在当下的国际话语体系中，西方话语占主导地位。由于文化差异导致的对中国的认知偏差，使得一直处于劣势地位的中国话语难以为世界接受、认可。但是，在全球化的浪潮中，中国要走向世界就必须与世界对话。马克思讲，“理论只要说服人，就能掌握群众；而理论只要彻底，就能说服人。所谓彻底，就是抓住事物的根本。”[①] 即理论和理念要想为人们所认同和接受，最根本的就是具有吸引人自觉为之奋斗的核心价值。国外受众能否主动倾听中国声音、自愿接纳中国理念，关键就在于中国话语所体现出的核心价值是否具有吸引力。“中国梦”的核心价值就是对内讲和谐、对外讲和平。一方面，追求国家、民族、个人梦想的有机统一达到和谐状态，反映出的是集体与个体的有机融合；另一方面，追求民族的发展、责任有机统一实现和平崛起，反映出的是中国与世界的良性互动。“中国梦”呼吁的人类命运共同体理念，就是中国话语区别于霸权主义话语，而体现的中国担当、中国风格、中国气派，将有利于推动人类价值体系朝着更均衡、更包容的方向成长。因而，在“中国梦”的宣传中，一定要突出“中国梦”的核心价值，推动中国的话语体系与国际话语体系接轨。

---

① 中共中央马克思恩格斯列宁斯大林著作编译局. 马克思恩格斯选集（第 1 卷）[M]. 北京：人民出版社，2012：9.

“中国梦”是一个对内用共同理想激发中华儿女奋发图强、于外用和平理念消除世界对华误解的理念，如何达到凝聚人心、增进共识，就对其传播路径提出深刻要求。连接理论或理念的桥梁和纽带就是传播的途径、方式、载体等，只有拓宽传播途径，“中国梦”才能广为人知，使人理解、认同。但是，在当前的传播中存在一些误区：第一，话语方式感染力较弱，“讲”而不受听。由于历史、文化、传统的不同，中国之外的其他国家对“中国梦”的理解也只能从其语言来入手，空泛的传播只能成为枯燥、空洞的理论说教。第二，话语传播能力较弱，“传”而不见效。由于传播理念的差异、传播速度的缓慢、话语权的旁落，导致西方对“中国梦”的曲解与误读。第三，话语传播思维受限，“达”而不见义。中国化的传播思维没有考虑西方思维的特点，从表象中得到的认知更多只能是生硬与冷漠。在全球化的进程中，中国要实现社会主义现代化，就要向西方发达国家学习有益经验，从而产生话语交融。同时，中国的快速发展，也会使得西方发达国家心存忌惮，从而产生话语冲突。因而，在“中国梦”的传播过程中，必须拓宽传播路径，在话语交融与话语冲突的基础上实现话语的交锋，促进文明的交流。

本篇小结

本篇探讨“中国梦”的圆梦实践，实质是对“何为复兴，如何复兴”的根本思考。中国共产党的历史使命和中国特色社会主义的总任务共同决定了新时代马克思主义中国化的目标指向是实现中华民族伟大复兴。可以说，对圆梦实践的研究从实践维度上讲清楚了“中国梦”对马克思主义中国化作出了贡献。

中华民族伟大复兴的动态性和阶段性历程决定了“中国梦”既有科学的、定量的指标评价体系和抽象的、定性的一般内容，还包括战略步骤和战略目标。学界设定的“中国梦”评价指标体系主要包括经济、社会、民生、环境、国际影响力等衡量因素，这些指标内容是中华文明硬实力和软实力的综合展现。同时，中华文明的复兴是“中国梦”的最终指向。中华文明的复兴是突破西方文明窠臼的经济、政治、文化、社会、生态等协同的文明发展并为世界文明作出更大贡献。“中国梦”的发展战略是一个具有系统性、协调性的“三步走”战略步骤。第一步，全面建成小康社会；第二步，建设现代化的社会主义国家；第三步，在前两步的基础上，继续艰苦奋斗，实现中华民族的伟大复兴。这三大战略步骤前后相接、紧密联系。民族复兴的战略目标是“两个一百年”。

“中国梦”的实现路径包括总体性的根本选择、阶段性的具体实践。实现"中国梦"必须坚持中国道路、弘扬中国精神、凝聚中国力量，这是总体性的根本选择。中国道路是在党的领导下人民的自觉选择与自主创造，是对现实实践举什么旗的根本回答，是全社会共同价值观的理念彰显，道路的成功离不开制度的保障。当前进入全面建成小康社会的决胜阶段，"中国梦"的具体实践必须要在具体层面发力，即奋力深化改革，完善发展理念；践行群众路线，大力反腐倡廉；坚持真抓实干，落实脱贫攻坚；突出核心价值，拓宽宣传渠道。

结语与展望

审视 170 多年的近现代史，无论是旧中国陷入被动挨打的泥淖无法自拔，抑或是新中国跨入主动发声的行列砥砺前行，有条主线一以贯之，那就是对民族复兴梦想的不懈追求。一代代先进的中国人涌现出来，走在探寻光明的前列。然而，不管是“师夷长技”还是“效学欧美”都没摆脱黑暗的笼罩。在一筹莫展之际，俄国十月革命的胜利让屈辱的中国人看到了曙光，马克思主义开始在中国广泛传播。中国共产党成立后把马克思主义作为指导思想并用来指导中国革命实践。在这个过程中，不仅促进了民族复兴的梦想融入中国共产党发展的历史，而且形成了中国化的马克思主义来引领梦想的实现。从这个意义上讲，民族复兴的“中国梦”不但未曾远离马克思主义中国化，反而还与之积极互动。从这个视角看，研究“中国梦”对马克思主义中国化有何贡献就有重要意义。本书的研究中，依循“理论—认识—中国—世界—现实”的分析框架，将“中国梦”置于历史和内涵双重维度考察，形成了对民族复兴“中国梦”的科学认识；将“中国梦”置于马克思主义中国化的认识进程、中国向度和世界向度作横向和纵向比较，得出基本结论：“中国梦”形塑马克思主义中国化的实现形态、开辟马克思主义中国化的新境界、拓宽马克思主义中国化的国际视野；在有了清晰的认知基础上，探讨实现民族复兴“中国梦”的实现考量与实现路径。自习近平总书记提出“中国梦”以来，我国“经济总量稳居世界第二位并成为全球第一货物贸易大国和主要对外投资大国”①，更加雄辩地证明了民族复兴“中国梦”与世界前进潮流、国家发展大势、民族命运走向相契合。当然，笔者提出的观点是否正确也有待于时间和实践的进一步验证。

整体来讲，当前将“中国梦”与“马克思主义中国化”结合起来研究，已取得丰硕的成果。但具体来看，梦想的深邃性与马克思主义中国化的科学性没有完整地表达出来。因而，未来仍有一些研究的空间。第一，厘清“中国梦”与中国特色社会主义的关系。这其中就要讲明白“中国梦”与“五位一体”总体布局、“四个全面”战略布局、“五大发展理念”的关系，这样才能明晓“中国梦”对坚持和发展中国特色社会主义的现实价值。第二，加大“中国梦”的量化研究。学界将“中国梦”指标化研究并进行判定还比较少。毕竟“中国梦”的实现是一个动态的过程，要进行科学的研判，就必须与时俱进地进行定量研究。这些均给笔者提供了一个再学习、再深化的机会，希望在不远的将来，能够有更深邃的思想流诸笔端！

---

① 李克强作政府工作报告——2016 年 3 月 5 日在第十二届全国人民代表大会第四次会议上［EB/OL］. （2016－03－05）［2018－10－23］. http：//www. gov. cn/guowuyuan/2016－03/05/content _ 5049372. htm.

参考文献

(一)著作类

艾伦. 中国梦——全球最大的中产阶级的崛起及其影响[M]. 孙雪,李敏,译. 上海:文汇出版社,2011.

公茂虹. 解读中国梦:一个古老民族的百年梦想[M]. 南宁:广西人民出版社,2013.

洪向华. 民族复兴中国梦[M]. 北京:红旗出版社,2013.

李君如. 中国道路与中国梦[M]. 北京:外文出版社,2014.

刘冠军. "中国梦"研究[M]. 北京:首都经济贸易大学出版社,2013.

刘明福. 中国梦[M]. 北京:中国友谊出版公司,2010.

上海市社会科学界联合会. 中国梦:道路·精神·力量[M]. 上海:上海人民出版社,2013.

唐洲雁. 实现中国梦的重大战略部署——学习习近平总书记系列重要讲话[M]. 北京:中央文献出版社,2013.

汪玉奇. 中国梦:昨天·今天·明天[M] 北京:社会科学文献出版社,2013.

文小勇. 中国梦：根植历史与现实·对接世界与未来［M］. 广州：广东人民出版社，2013.

许海清. 中国梦不遥远——新盛世论［M］. 北京：中共中央党校出版社，2013.

姚晓宏. 中国梦：未来国家战略与中国崛起［M］. 北京：当代中国出版社，2013.

张涛甫. “中国梦”的文化解析［M］. 重庆：重庆出版社，2014.

赵磊. 中国梦与世界软实力竞争［M］. 北京：外文出版社，2014.

中共中央对外联络部研究室. 中共十八大：中国梦与世界［M］. 北京：外文出版社，2013.

中共中央文献研究室. 习近平关于实现中华民族伟大复兴的中国梦论述摘编［M］. 北京：中央文献出版社，2013.

中共中央宣传部理论局. “中国梦”——我们的梦［M］. 北京：学习出版社，2013.

中共中央宣传部理论局. 深度解读中国梦——马克思主义理论研究和建设工程深化中国梦研究成果汇编［M］. 北京：学习出版社，2014.

《中国梦：中国的奋斗与复兴》编辑组. 中国梦：中国的奋斗与复兴［M］. 北京：人民日报出版社，2013.

周天勇. 中国梦［M］. 北京：国家行政学院出版社，2013.

（二）期刊论文类

艾四林. “中国梦”与中国软实力［J］. 中国特色社会主义研

究，2013（3）：16－18.

曹显明．“中国梦”的价值理念解读——以与美国梦的比较为视角［J］．社会科学家，2013（8）：40－42.

陈金龙．新时代与马克思主义中国化的新机遇［J］．马克思主义与现实，2017（6）：8－13.

陈跃，李俊斌．论实现中华民族伟大复兴中国梦的五大支柱［J］．西南大学学报（社会科学版），2014（2）：29－34.

程美东，谭春玲．近年来关于“中国梦”问题研究述评［J］．教学与研究，2014（5）：104－112.

程美东．论中国梦与群众路线的内在联系［J］．中国特色社会主义研究，2014（2）：22－25.

单培勇．论“中国梦”的逻辑［J］．社会主义研究，2013（5）：6－11.

邸敏学，任晓华．中国梦的文化意蕴［J］．山西大学学报（哲学社会科学版），2014（6）：131－137.

丁俊萍．马克思主义中国化的历史必然性［J］．理论视野，2003（6）：28－30.

董娟．当前中国梦研究述评［J］．中共天津市委党校学报，2014（3）：84－89.

房广顺，隗金成．中国梦战略思想的国际视野和世界意义［J］．理论探讨，2014（3）：27－31.

冯志峰．马克思主义中国化的中国梦：理论逻辑与实践路径［J］．广州社会主义学院学报，2014（3）：18－22.

傅艳蕾．个体与整体之辩：“中国梦”的当代哲学意蕴［J］．社会主义研究，2013（4）：7－11.

顾海良. 马克思主义中国化历史过程研究的启示［J］. 新视野，2016（1）：14－19.

韩步江. 从“中国化”到“中国梦”——民族国家本土独立身份和主体意识的复强之路［J］. 学海，2013（5）：17－20.

韩庆祥. 解释方位 思维方向 实现方式 中国梦背景、实质与内涵［J］. 人民论坛，2013（16）：31－33.

韩喜平. 习近平新时代中国特色社会主义思想是21世纪马克思主义［J］. 党建研究，2018（10）：9－11.

韩震. 用中国话语表达中国梦［J］. 中国高等教育，2013（17）：13－15.

何雯雯. 让劳动托起中国梦［J］. 红旗文稿，2015（10）：39.

侯智德. “中国梦”话语建构的文化内涵［J］. 社会科学家，2014（8）：157－160.

胡宗山. 论实现“中国梦”的国际机遇与挑战［J］. 社会主义研究，2013（5）：28－34.

黄平. 中国道路：实现中国梦的伟大历程［J］. 红旗文稿，2015（18）：13－15.

黄相怀. 中国梦的理论创新意义［J］. 求是，2013（11）：62.

黄新初. 同梦想共奋斗——关于中国梦的几点思考［J］. 求是，2013（16）：18－20.

纪亚光. 中国特色社会主义现代化与“中国梦”［J］. 理论学刊，2014（1）：92－95.

贾建芳. “中国梦”的学理解读［J］. 中国国情国力，2013

(12)：30－32.

焦佩锋. 中国梦的历史主义审视 [J]. 中共中央党校学报，2013 (5)：9－12.

金朝晖，夏东民. 实现中国梦的历史合力 [J]. 毛泽东邓小平理论研究，2014 (4)：38－44.

金民卿. 关于马克思主义中国化内涵与特质的思考 [J]. 人民论坛·学术前沿，2018 (1)：66－77.

金元浦. "中国梦"的文化源流与时代内涵 [J]. 人民论坛·学术前沿，2013 (7)：48－57.

金元浦. 中国梦的文化精神 [J]. 求是，2013 (14)：46－48.

景俊海. 中国梦：深刻理解习近平总书记系列重要讲话的主线 [J]. 红旗文稿，2015 (4)：4－7.

乐黛云. 美国梦·欧洲梦·中国梦 [J]. 社会科学，2007 (9)：159－165.

李捷. 从中国近现代历史看中国梦 [J]. 中共党史研究，2014 (6)：33－41.

李君如. 毛泽东与中国梦 [J]. 中共中央党校学报，2013 (6)：5－9.

李君如. 实现"中国梦"的辩证逻辑 [J]. 中国特色社会主义研究，2013 (3)：12－15.

李君如. 中国梦的意义、内涵及辩证逻辑 [J]. 毛泽东邓小平理论研究，2013 (7)：14－17.

李祥兴，王先俊. 中共十九大与马克思主义中国化 [J]. 安徽师范大学学报（人文社会科学版），2018 (2)：6－11.

林雅华. 中国梦的社会主义价值理想［J］. 中共中央党校学报，2014（2）：16－19.

刘爱武. 国外学术界对中国梦的研究：主要观点、偏见及启示［J］. 社会主义研究，2014（4）：160－166.

刘建武. 中国梦与马克思主义中国化的新境界［J］. 红旗文稿，2014（8）：25－26.

刘泾. 中国梦的历史脉络与中国道路的现实选择［J］. 科学社会主义，2014（2）：34－37.

刘奇葆. 为实现中国梦提供有力理论支持［J］. 求是，2013（11）：3－6.

刘云山. 增强问题意识坚持问题导向［J］. 党建，2014（6）：6－9.

马晓河. 中国梦的经济学解读［J］. 北大商业评论，2014（11）：40－46.

毛跃. 论“中国梦”的价值意蕴和实践基础［J］. 浙江学刊，2013（6）：144－149.

梅荣政. 中国梦与世界社会主义［J］. 重庆邮电大学学报（社会科学版），2014（1）：1－10.

孟迎辉，邓泉国. 邓小平与中华民族伟大复兴的中国梦［J］. 当代世界与社会主义，2014（5）：97－100.

欧永宁. 马克思主义中国化与中国梦的大众认同［J］. 云南社会科学，2018（2）：20－24.

祁怀高. “中国梦”与“美国梦”互鉴［J］. 决策与信息，2013（4）：41－42.

钱耕耘. 中国梦是毛泽东思想和中国特色社会主义理论体系的内在统一 [J]. 西安交通大学学报（社会科学版），2014（4）：76－79.

秦宣. 准确把握“中国梦”的科学内涵和时代特征 [J]. 思想教育研究，2013（6）：17－19.

秋石. 全面建成小康社会是实现中国梦的关键一步——论学习贯彻习近平总书记关于“四个全面”的战略布局 [J]. 求是，2015（9）：8－11.

秋石. 中国梦为中国特色社会主义注入新能量 [J]. 求是，2013（9）：14－16.

曲青山. 论中国梦的理论创新意义——学习习近平总书记关于中国梦的重要论述 [J]. 中共党史研究，2014（7）：5－8.

尚庆飞. “中国梦”：从毛泽东到当代中国 [J]. 学海，2013（5）：13－16.

沈斐. 中国梦的经济学诠释——基于“资本内在否定性”的考察 [J]. 马克思主义研究，2014（3）：58－64.

石仲泉. “中国梦”的实践基础 [J]. 人民论坛，2013（16）：34－35.

石仲泉. “中国梦”三题 [J]. 理论探索，2013（6）：43－46.

石仲泉. “中国梦”思想：从毛泽东到习近平 [J]. 毛泽东邓小平理论研究，2013（10）：1－7.

石仲泉. 十八大发展了的中国特色社会主义与“中国梦” [J]. 中国特色社会主义研究，2013（3）：5－11.

史为磊. 当前“中国梦”的研究综述 [J]. 社会主义研究，

2013（4）：12－22.

孙来斌. 关于中国梦何以能以及如何去研究的思考［J］. 安徽师范大学学报（人文社会科学版），2014（3）：265－268.

唐洲雁. 中国梦：具有中国特色的话语体系［J］. 求是，2014（2）：42－43.

陶季邑. 美国学术界的中国梦研究评析［J］. 党的文献，2015（3）：111－117.

田克勤. 深入理解和把握马克思主义中国化主题的几个问题［J］. 马克思主义理论学科研究，2017（2）：93－106.

汪青松. 新时代马克思主义中国化的新飞跃［J］. 当代世界与社会主义，2018（1）：41－46.

汪玉奇. 中国共产党人与中国梦［J］. 农业考古，2013（1）：1－4.

王国敏，陈加飞. 论马克思主义中国化的内在逻辑［J］. 理论学刊，2014（5）：4－8.

王建国，冯连军，朱天义. “中国特色社会主义与中国梦”高层论坛综述［J］. 社会主义研究，2013（5）：35－37.

王伟光. 唯物史观视野下的中国梦［J］. 求是，2014（7）：13－15.

吴建民. “中国梦”不仅属于中国更属于世界［J］. 外交评论（外交学院学报），2006（2）：7－9.

徐方平. 中国梦与马克思主义中国化［J］. 党建，2014（9）：38－39.

闫莉. “中国梦”：生成逻辑·精神实质·实现路径［J］. 理论

月刊，2014（1）：30－33.

颜德如，黄文义．论“中国梦”的政治内涵［J］．理论探讨，2013（5）：5－9.

杨谦，王超．马克思主义中国化逻辑演进中的中国梦及其现实诉求［J］．四川师范大学学报（社会科学版），2015（6）：5－12.

叶再春．“中国梦”随想［J］．前线，2013（1）：58－61.

虞云耀．中国梦与中国共产党［J］．求是，2014（13）：39－41.

袁胜利．中国梦的哲学释析［J］．内蒙古社会科学（汉文版），2014（1）：23－26.

原魁社．人民主体性：“中国梦”的现实基础与价值指向［J］．中国特色社会主义研究，2013（3）：19－22.

张富文．中国梦的实现路径探析［J］．河南社会科学，2013（9）：32－35.

张莉．中国梦目标指向及指标体系探究［J］．探索，2015（2）：17－23.

张明．“中国梦”研究不应“去政治化”［J］．青海社会科学，2013（5）：7－11.

张尚兵，余达淮．党的十八大以来中国梦研究综述［J］．毛泽东思想研究，2014（5）：144－153.

张书林．民族复兴中国梦：解梦·追梦·圆梦［J］．江苏省社会主义学院学报，2013（3）：25－30.

张文雄．“四个全面”：承载中国梦的宏大叙事［J］．求是，2015（18）：18－20.

张雪梅．中国梦的精神实质与实现路径——兼论中国特色社会主义发展的制度文化逻辑 [J]. 社会主义研究，2013 (4)：1—6.

张永缜. “中国梦”开辟了马克思主义中国化的新境界 [J]. 理论月刊，2014 (4)：15—19.

张幼文. 中国梦的国际内涵与世界意义 [J]. 毛泽东邓小平理论研究，2014 (4)：61—68.

郑必坚. “中国梦”与世界大事 [J]. 外交评论（外交学院学报），2006 (2)：13—14.

郑熙文. 中国梦是极具包容性的理念 [J]. 求是，2013 (20)：62.

钟君. 要警惕对民族复兴中国梦的误导和曲解 [J]. 红旗文稿，2014 (10)：8—12.

种海峰. 论马克思主义中国化理论形态演进的内在逻辑 [J]. 马克思主义研究，2018 (2)：24—33.

朱继东. “中国梦”和“美国梦”的差异在哪里？ [J]. 党建，2013 (2)：28—30.

朱俊，汪玉奇. 中国梦的理论框架与逻辑解构 [J]. 江西社会科学，2014 (7)：23—26.

资金议. 中国梦价值多维探析 [J]. 中共云南省委党校学报，2013 (4)：45—48.

左玲. 廓清对“中国梦”的五种误读 [J]. 探索，2013 (6)：26—31.

（三）报纸类

蔡武. 在中华文化的传承创新中实现“中国梦” [N]. 人民日报，2013-08-05 (016).

陈来. 要全面理解和展示中国梦的价值目标［N］. 光明日报，2015－12－07（002）.

邓纯东. 中国共产党让“中国梦”有了实现的可能［N］. 中国社会科学报，2013－07－01（A05）.

顾海良. 让世界分享马克思主义中国化理论成果［N］. 人民日报，2015－11－18（007）.

海克军. “中国威胁论”背离中国发展价值取向［N］. 人民日报，2015－12－10（007）.

郝立新. 从“四个全面”到“五大发展理念”［N］. 光明日报，2015－12－07（016）.

黄秋生. 国家治理体系和治理能力现代化：实现中国梦的必然诉求［N］. 光明日报，2014－08－16（006）.

黄相怀. 马克思主义经典作家对未来社会的构想与中国梦［N］. 光明日报，2015－07－05（007）.

拉纳·米德. 中国梦与欧洲梦［N］. 人民日报，2014－01－20（003）.

冷溶. 什么是中国梦，怎样理解中国梦［N］. 人民日报，2013－04－26（008）.

刘建军. 中国梦是当代中国爱国主义的鲜明主题［N］. 人民日报，2016－05－10（007）.

刘建武. 实现中国梦需要继承和弘扬中华优秀传统文化［N］. 光明日报，2014－10－22（013）.

刘世军. “中国梦”的理论解读、学术观照与战略观察［N］. 中国社会科学报，2013－10－21（B02）.

柳行.“四个全面”战略布局是实现中国梦的理论指导和实践指南［N］. 光明日报，2016－06－11（007）.

邱德胜.“中国梦”的双重内涵［N］. 光明日报，2013－05－10（011）.

任仲平. 站在中国与世界的命运交汇点［N］. 人民日报，2015－12－31（001）.

孙红林. 马克思主义中国化进程中的“中国梦”［N］. 光明日报，2013－05－05（007）.

孙来斌. 中国梦的多维解析［N］. 光明日报，2013－06－22（011）.

王建国. 马克思主义中国化思维引领“中国梦”［N］. 中国社会科学报，2013－10－21（B03）.

王经西. 中国梦为中国特色社会主义道路开辟新境界［N］. 光明日报，2014－03－23（007）.

王伟光. 中国共产党与中国梦［N］. 中国社会科学报，2013－07－08（A03）.

王义桅. 探寻中国梦与世界各国梦的融通［N］. 人民日报，2016－11－15（007）.

卫建林. 中国共产党人的“中国梦”［N］. 中国社会科学报，2013－02－08（A04）.

吴琼. 丰富创新中国梦的话语阐释方式［N］. 中国社会科学报，2013－08－14（B05）.

项久雨. 中国梦的世界意义［N］. 人民日报，2014－01－15（007）.

辛向阳. 中国梦与科学社会主义有哪些内在联系 [N]. 光明日报，2013-11-17 (001).

邢伟. "中国梦"的学术解读 [N]. 光明日报，2012-02-28 (013).

徐中. "四个全面"：引领实现中国梦的战略布局 [N]. 光明日报，2015-06-28 (007).

闫傲霜. 凝心聚力为中国梦作出新贡献 [N]. 光明日报，2015-12-28 (011).

颜晓峰. 中国梦的重要内容 [N]. 人民日报，2016-10-12 (012).

杨清明. 中国梦的深厚背景和宽广视野 [N]. 光明日报，2013-12-12 (007).

张维为，梁言顺，胡鞍钢. 为实现中国梦提供有力理论支撑 [N]. 光明日报，2013-07-10 (011).

张秀华. "中国梦"的几种张力关系 [N]. 光明日报，2013-08-04 (007).

张占斌. 从"三步走"到中国梦 [N]. 人民日报，2015-03-22 (005).

周小毛. 以唯物史观打牢实现"中国梦"的基础 [N]. 光明日报，2014-01-18 (005).

周笑梅. 以中国梦促进多元价值观整合 [N]. 光明日报，2013-12-31 (016).

朱志明. 具有国际视野的爱国主义与中国梦 [N]. 中国社会科学报，2014-02-26 (B05).

后　记

“中国梦”是近代以来中华民族最伟大的梦想。中国近现代史就是一部受尽屈辱愤而追梦史。幸运的是，在这部历史中，马克思主义指引中华民族走出了黑暗，深刻改变了近代中国的命运；幸运的是，在这部历史中，中国共产党成为中华民族的主心骨，中国人民迎来了由解放到富裕的美好生活。一部近现代史，“中国梦”与“马克思主义中国化”两大主题交相辉映。

本书是四位著者以“中国梦”与马克思主义中国化的关系为主题，展开的学术研究。著者发现学界鲜有从“贡献”层面探究“中国梦”与马克思主义中国化的关系。随着思想碰撞的次数越来越多，挖掘材料的程度越来越深，众多闪烁智慧光芒的观点喷薄而出。马克思主义中国化本身是一个涵盖范围广的主题，从不同的侧面切入，会有不同的观感。著者遂选取了认识论、中国向度和世界向度的视角，以求窥得其中面貌。然而，“中国梦”的实现是一个系统、艰巨的工程，分析“中国梦”对马克思主义中国化的贡献就成为一个涉及面广、概括性强、理论性深的任务，尽管本书尝试从“理论—实现形态—中国向度—世界向度—实践”的逻辑框架对其加以分析提炼以图提挈，但仍存在着一些因知识储备不足、能力欠缺而导致的缺陷。其一，理论统摄不足。关于“中国梦”的研究，有十分丰富的材料和成果。由于受时间、精力、能力等多方面条件的限制，本书对前人的研究综述不够，使得写作过程中对文章的理论统摄不足而不能够充分反映“中国梦”的贡献，进而限于纯粹的文字堆积而理论性不足。其二，深入论述不足。虽然著者尽量在能力范围内就“中国梦”对马克思主义中国化的贡献进行深入研究，但是，客观看待研究情况，深入挖掘不够，致使论述较笼统，没有理论性的提升，思辨性不够。总的说来，类似这种缺陷较多，增大了本书的研究难度。

本书的著者都是马克思主义理论专业的博士生，虽然研究方向有所不同，但对真理的执着追求和对理论的学习热情是一致的。在共同探讨中，由刘碧拟定总体框架，四位作者分别撰写部分章节：导论和第一章由陈乐香撰写；第二、三、四章由李艳撰写；第五、六、七章由苏德强撰写；第八、九、十章由刘碧撰写。刘碧承担了修改和统稿工作。

感谢四川大学马克思主义学院提供的学习机遇和成长平台，特别感谢四川大学马克思主义学院王国敏教授、蒋永穆教授、曹萍教授、刘吕红教授、何洪兵教授的教诲和指导。同时，在写作中参考、引用了大量文献，在此向作者深致谢忱!

由于作者水平有限，书中疏漏和不足在所难免，恳请读者批评指正。